Kauderwelsch
Band 198

Foto: Porbital / Dreamstime.com

In Uyuni

Impressum

Britta Horstmann und Zacarías García
Spanisch für Bolivien — Wort für Wort
erschienen im
Reise Know-How Verlag Peter Rump GmbH
Osnabrücker Str. 79, D-33649 Bielefeld
info@reise-know-how.de

2. neu bearbeitete und verbesserte Auflage 2018

Bearbeitung & Layout Svenja Lutterbeck
Layout-Konzept Günter Pawlak, FaktorZwo! Bielefeld
Umschlag Peter Rump (Titelfoto: Britta Horstmann)
Kartographie Iain Macneish, Thomas Buri
Fotos Dreamstime.com (Nachweis am Bild)
Gesamtherstellung Himmer GmbH Druckerei & Verlag, Augsburg

ISBN: 978-3-8317-6540-9
Printed in Germany

Die Internetseiten mit Aussprachebeispielen und der Zugriff auf diese über QR-Codes sind eine freiwillige, kostenlose Zusatzleistung des Verlages. Der Verlag behält sich vor, die Bereitstellung des Angebotes und die Möglichkeit der Nutzung zeitlich und inhaltlich zu beschränken. Der Verlag übernimmt keine Garantie für das Funktionieren der Seiten und keine Haftung für Schäden, die aus dem Gebrauch der Seiten resultieren. Es besteht ferner kein Anspruch auf eine unbefristete Bereitstellung der Seiten.

Kauderwelsch

Britta Horstmann
Zacarías García

Spanisch für Bolivien

Wort für Wort

Kauderwelsch heißt:

- Schnell mit dem **Sprechen** beginnen, auch wenn nicht immer alles korrekt ist.
- Von der **Grammatik** wird nur das Wichtigste in einfachen Worten erklärt.
- Alle Beispielsätze werden doppelt ins Deutsche übertragen: erst **Wort-für-Wort,** dann in normales Deutsch. Die Wort-für-Wort-Übersetzung hilft, die neue Sprache schneller zu durchschauen, außerdem lassen sich dadurch leichter einzelne Wörter im fremdsprachigen Satz austauschen.
- Es geht um die **Alltagssprache,** also das, was man tatsächlich auf der Straße hört.
- Die **Autoren** sind entweder Reisende, die die Sprache im Land selbst gelernt haben oder Muttersprachler.

Kauderwelsch-Sprachführer sind keine Lehrbücher, aber viel mehr als traditionelle Reisesprachführer. Wer ein wenig Zeit investiert, einige Vokabeln lernt und die Sprache im Land anwendet, wird **Türen öffnen,** ein Lächeln ins Gesicht zaubern und reichere Erfahrungen machen.

Talk to each other!

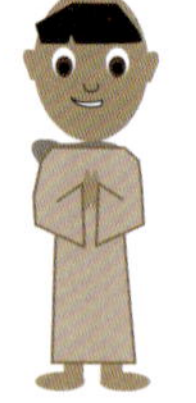

Kauderwelsch zum Anhören

Einzelne Sätze und Ausdrücke aus diesem Buch können Sie sich **kostenlos anhören.** Diese **Aussprachebeispiele** erreichen Sie über die im Buch abgedruckten QR-Codes oder diese Adresse: www.reise-know-how.de/kauderwelsch/198

Die Aussprachebeispiele im Buch sind Auszüge aus dem umfassenden Tonmaterial, das unter dem Titel **„Kauderwelsch Aussprachetrainer Spanisch für Bolivien"** separat erhältlich ist – als Download über Onlinehörbuchshops (ISBN 978-3-95852-124-7) oder als CD im Buchhandel (ISBN 978-3-8317-6181-4). Beide Versionen erhalten Sie auch über unsere Internetseite:

- **www.reise-know-how.de**

Alle Sätze, die Sie auf dem Aussprachetrainer hören können, sind in diesem Buch mit einem 👂 gekennzeichnet.

Inhalt

Konversation

Anhang

Foto: Attila Tatár / Dreamstime.com

An der chilenischen Grenze, nahe San Pedro die Atacama

Vorwort

Sie wollen Land und Leute kennen lernen? Und Sie wollen alleine Reisen? Dann sollten Sie auf jeden Fall ein bisschen Spanisch lernen, denn das Motto „mit Englisch kommt man immer weiter" gilt in Bolivien nur sehr bedingt. Zwar fließen immer mehr englische Wörter auch in den Alltagswortschatz ein, aber selbst in den Touristenzentren sprechen nur wenige Englisch.

Spanisch ist neben Aymara und Quechua, den beiden indigenen Sprachen mit den meisten Sprechern, die wichtigste Verkehrssprache. Dieser Sprechführer bietet Ihnen deshalb in knapper und übersichtlicher Form eine Einführung in die Grundzüge der spanischen Sprache. Dabei berücksichtigt er vor allem die sprachlichen Besonderheiten des Spanisch in Bolivien, das durch die mehr als 30 indigenen Sprachen im Laufe der Zeit verändert wurde und noch immer beeinflusst wird. Durch diese Bereicherung kann eine Bolivienreise in sprachlicher Hinsicht selbst für geübte Spanischsprecher zur Entdeckungsreise werden.

Wir hoffen, Ihnen mit dem vorliegenden Band die Kommunikation zu erleichtern und wünschen Ihnen viel Spaß beim Lernen und eine gute Reise! All unseren bolivianischen Freunden gilt unser herzlicher Dank für die Unterstützung bei diesem Buch.

Hinweise zur Benutzung

Der Kauderwelsch-Band „Spanisch für Bolivien“ ist in drei wesentliche Abschnitte gegliedert: Grammatik, Konversation und eine Wörterliste.

Grammatik

Die Grammatik beschränkt sich auf das Wesentliche und ist so einfach gehalten wie möglich. Deshalb werden auch nicht sämtliche Ausnahmen und Unregelmäßigkeiten der Sprache erklärt. Wer nach der Lektüre seine Kentnisse der spanischen Grammatik vertiefen möchte, findet einen Hinweis zu weiterführender Literatur im Anhang.

Konversation

In diesem Teil finden Sie gängige Vokabeln und Sätze, die in Bolivien in verschiedenen Situationen des Alltags gebräuchlich sind. Sie sollen Ihnen die Verständigung in Bolivien erleichtern, sei es mit oder ohne Vorkenntnissen der spanischen Sprache.

Wort-für-Wort-Übersetzung

Damit Sie die Wortfolge des Spanischen nachvollziehen können, gibt es zu den Beispielsätzen jeweils eine Wort-für-Wort-Übersetzung in *kursiver* Schrift. Jedem spanischen Wort entspricht ein deutsches Wort in der Wort-für-Wort-Übersetzung. Für viele Wörter gibt es mehrere Übersetzungsmöglichkeiten im Deutschen. Angegeben ist hier die in Spanien üblicherweise verwendete Übersetzung für den jeweiligen Kontext. So können Sie auch eventuelle Unterschiede zum bolivianischen Spanisch sehen.

Wird *ein* spanisches Wort im Deutschen durch *mehrere* Wörter übersetzt, werden diese in der Wort-für-Wort-Übersetzung mit einem Bindestrich verbunden, z. B.:

Persönliche Fürwörter (ich, du, er, sie etc.), die im Spanischen nicht unbedingt genannt werden müssen, stehen ebenfalls in Klammern direkt vor dem Verb.

Bajo acá.
(ich-)steige-aus hier
Ich steige hier aus.

Dasselbe gilt für Fürwörter, die im Spanischen oft direkt an das Verb gekoppelt sind, nicht aber im Deutschen, z. B.

Dame ...
(du-)gib-mir
Gib mir ...

Werden in einem Satz mehrere Wörter angegeben, die man untereinander austauschen kann, steht ein Schrägstrich zwischen diesen:

¿Le/te gusta Bolivia?
Ihnen/dir gefällt Bolivien
Gefällt Ihnen/dir Bolivien?

Ergänzungsmöglichkeiten stehen in Klammern:

(muy) bien
(sehr) gut
Der Konversationsteil ist nach Alltagssituationen („Begrüßen & Verabschieden“, „Essen & Trinken“ usw.) geordnet. Die jeweiligen Beispielsätze können Sie auch als Fundus von

Satzschablonen und -mustern benutzen, die Sie selbst Ihren Bedürfnissen anpassen können. Mit etwas Kreativität und Mut können Sie sich neue Sätze „zusammenbauen“, auch wenn das Ergebnis vielleicht nicht immer grammatikalisch perfekt ausfällt.

Wörterlisten

Die Wörterlisten am Ende des Buches helfen Ihnen dabei. Sie enthalten einen Grundwortschatz von je ca. 1000 Wörtern Deutsch-Castellano und Castellano-Deutsch, mit denen man schon eine ganze Menge anfangen kann.

Umschlagklappe

Die Umschlagklappe hilft, die wichtigsten Sätze und Formulierungen stets parat zu haben. Aufgeklappt ist der Umschlag eine wesentliche Erleichterung, da nun die gewünschte Satzkonstruktion mit dem entsprechenden Vokabular aus den einzelnen Kapiteln kombiniert werden kann. Wenn alles nicht mehr weiterhilft, dann ist vielleicht das Kapitel „Nichts verstanden? – Weiterlernen!” der richtige Tipp. Es befindet sich ebenfalls im Umschlag, stets bereit, mit der richtigen Formulierung für z. B. „Ich habe leider nicht verstanden.” oder „Wie bitte?” auszuhelfen.

Abkürzungen

F	familiär, umgangssprachlich
m	männlich
w	weiblich
Umst.	Umstandswort (Adverb)
Art.	Artikel
MZ	Mehrzahl
EZ	Einzahl

Sprachen in Bolivien

Bolivien hat knapp neun Millionen Einwohner, von denen die meisten Spanisch sprechen. Spätestens ab dem ersten Schuljahr lernt man in Bolivien Spanisch als erste Fremdsprache. Spanisch ist neben Aymara und Quechua die Hauptverkehrssprache und Amtssprache Boliviens.

Die Besonderheiten der spanischen Sprache in Bolivien, die sogenannten Bolivianismos, sind in erster Linie durch die indigenen Sprachen Aymara und Quechua stark beeinflusst worden. Quechua wird von ca. 25,6% der Bevölkerung (älter als sechs Jahre) gesprochen, insbesondere in den Andentälern, nordöstlich des Titicacasees und in Chuquisaca, in Teilen des Verwaltungsbezirks von Santa Cruz und in den Minendistrikten von Potosi und Oruro. Die Aymara sprechende Bevölkerung liegt bei ca. 23,9% und lebt vor allem im Umkreis von La Paz und zu Teilen in Oruro und Potosi.

Unter den Bolivianismos findet man sowohl ganze Wörter, die diesen beiden Sprachen entlehnt sind, wie z. B. el sorojche, die Höhenkrankheit (in Aymara: sorojjchi; in Spanien: mal de altura), Wortkombinationen wie papa pureja (papa stammt aus dem Quechua, in Spanien = patata = Kartoffel und pureja ist Aymara = schnell kochend), als auch einzelne Silben (z. B. Suffixe, Präfixe), die aus Aymara oder Quechua stammen.

In den ländlichen Gebieten Boliviens, wo der Zugang zu Schulbildung mangelhaft ist, kann es vorkommen, dass die Spanischkenntnisse gering sind und nur indigene Sprachen gesprochen werden.

Sprachen in Bolivien

Laut der letzten Volkszählung 2001 identifizieren sich ca. 62% der bolivianischen Bevölkerung als indigen.

Bolivianismos werden, wie die indigenen Sprachen Aymara und Quechua, vor allem im alltäglichen, mündlichen Gebrauch der Sprache verwendet. Neben Aymara und Quechua gibt es 30 weitere Sprachen in Bolivien und 127 Dialekte. Natürlich beeinflussen auch diese Sprachen, die überwiegend im Tiefland gesprochen werden, das Spanisch, aber in einem geringeren Ausmaß. Zu ihnen gehören z. B. Guarani, Chiquitano, Tacana oder Guarayo.

Unterschiede im Wortschatz

Viele der Wörter in Spanien versteht und verwendet man z. T. auch in Bolivien. Zu diesen gehören z. B. bar, borracho, ebrio, pagar oder mal de altura. Die meisten Unterschiede zwischen den Ländern gibt es vor allem in der Umgangssprache, die sich laufend ändert. Die umgangssprachlichen Wörter sind hier nur für Bolivien gekennzeichnet.

Bolivien	Argentinien	Peru	Spanien	Deutschland
bombilla	pajita	cañeta	pajita	Strohhalm
caldera	pava	tetera	tetera	Wasserkessel
cancelar	pagar	cancelar	pagar	bezahlen
carajo	concha	carajo	joder, hostia	Scheiße, Mist, verdammt
cerveza, chela	birra	chela	cerveza, birra	Bier
chaqui (F)	resaca	chukake	resaca	Kater (von Alk.)
duro/a (F)	curda	huasca	ebrio/a, borracho/a	betrunken sein
fideo	pasta	fideo	pasta	Nudeln
guatos (F)	cordones de los zapatos	pasador	cordones de los zapatos	Schuhbänder
heladera	heladera	refrigerador	nevera	Kühlschrank
trabajo, pega (F)	laburo	trabajo, chamba	trabajo, curro	Arbeit
policía, paco (F)	agente	policía, tombo	policía, agente	Polizei
parqueo	playa de estacionamiento	playa de estacionamiento	aparcamiento	Parkplatz
boliche, peña	boliche	peña	bar	Kneipe
polera	remera	polo	camiseta	T-Shirt
poroto	poroto	frijol	judía	Bohnen
qué macana/ fregado (F)	qué macana	qué vaina	qué jodido	wie schwierig
estampilla	estampilla	estampilla	sello	Briefmarke
sorojche	apunamiento	sorojche	mal de altura	Höhenkrankheit
tipo	pibe	pata	colega, tío	Typ
papa	papa	papa	patata	Kartoffel
chompa	pullover, suéter	chompa	jersey	Pullover

Aussprache und Betonung

Die Aussprache und Betonung ist in nur wenigen anderen Ländern Südamerikas so klar und deutlich wie in Bolivien. Ein Paradies für Anfänger, zumal einige Zungenbrecher des Spanischen in Europa, wie der Lispellaut c (das was im Englischen das stimmlose „th" ist), wegfallen.

Selbstlaute (Vokale) & Doppellaute

Die Vokale a,e,i,o,u werden kürzer als im Deutschen ausgesprochen. Wenn zwei Vokale direkt hintereinander stehen, z. B. au, ae oder ai, behält jeder Vokal seinen vollen Lautwert. Sie werden wie zwei getrennte Vokale gesprochen, jedoch nicht abgehackt sondern verschliffen. Das i, y und u bilden den unbetonten Teil, der Ton liegt auf den Vokalen a,e und o, egal ob sie am Anfang oder am Ende stehen, hier einige Beispiele:

ae	**el aeropuerto** *„äropuerto"* (Flughafen)
ay	**hay** *„ai"* (es gibt)
ei	**el peine** *„päine"* (Kamm)
ey	**la ley** *„läi"* (Gesetz)
eu	**la deuda** *„däuda"* (Schuld)
ui	**aquí** *„aki"* (hier)
ue	**querer** *„kerer"* (mögen)

Achtung! Bei den Doppellauten ui und ue wird das u nach q nicht gesprochen.

Konsonanten

ch	wie „tsch" in „kla**tsch**en" **mucho** *„mutscho"* (viel)
h	wird nicht gesprochen **hola** *„ola"* (Hallo)
j	zwischen „ch" in „Ba**ch**" und „h" in „**H**otel" **jugo** *„hugo"* (Saft), **jabón** *„chabon"* (Seife), **naranja** *„narancha"* (Orange)
ll	wie ein „j" in „**j**a" **lleno** *„jeno"* (voll)
ñ	wie „nj" in „Ta**nj**a" **niña** *„ninja"* (Mädchen)
q	wie „k" in „**K**ind" **queso** *„keso"* (Käse), **quinua** *„kinua"* (Quinua)
r	kurz gerolltes **r** mit Zungenspitze; am Wortanfang oder nach **l**, **n** und **s** stark gerollt; auf dem Altiplano manchmal wie „sr" zusammen oder wie ein amerikanisches kehliges **r** **señor** *„senjorr"* (Herr), **restaurant** *„rrestaurant"* (Restaurant), **sonría** *„sonrria"* (lach mal)
s	auf dem Altiplano wie stimmhaftes „s" in „**S**onne" **mismo** *„mismo"* (gleich) im Tiefland wird das **s** nur angedeutet, bzw. wie geflüstert gesprochen **este** *„eh(s)te"* (dies/e)
v	Aussprache liegt zwischen „v" und „b" **voz** *„bos"* (Stimme), **verde** *„berde"* (grün)

Konsonanten, die nicht aufgeführt sind, spricht man wie im Deutschen oder sie kommen so gut wie nie vor.

x	vor Vokalen wie „gs“ **examen** *„egsamen“* (Examen) vor Konsonanten wie „ss“ in „Me**ss**er“ **extranjero** *„esstranchero“* (Ausländer)
y	alleine stehend oder am Wortende wie „i“ in B**i**ene“, ansonsten wie „j“ in „**j**a“ **y** *„i“* (und), **hay** *„ai“* (es gibt), **yo** *„jo“* (ich)
z	wie „ss“ in „Me**ss**er“ **azúcar** *„assukar“* (Zucker), **zumo** *„ssumo“* (Saft), **la Paz** *„la pass“* (der Frieden)

Bei c und g richtet sich die Aussprache nach dem darauf folgenden Selbstlaut.

Dies gilt auch für die Doppellaute.

c	vor den dunklen Vokalen **a**, **o**, **u** sowie vor Konsonanten wie ein kräftiges „k“ in „**K**äfig“ **casa** *„kasa“* (Haus); vor den hellen Vokalen **e** und **i** wie ein scharfes „ss“ in „Me**ss**er“ **cinco** *„ssinko“* (fünf)
g	vor **a**, **o**, **u** wie „g“ in „**G**rund“ **guía** *„gia“* (Führer); vor **e** und **i** wie „ch“ in „Ba**ch**“ **gente** *„chente“* (Leute), **girasol** *„chirasol“* (Sonnenblume)
güe, güi	die Kombination ist selten; das **ü** wird wie „u“ gesprochen und bekommt nur deshalb zwei Pünktchen, weil es mitgesprochen wird, z. B. in **vergüenza** *„verguensa“* (Scham), **lingüista** *„linguista“* (Linguist)

Betonung

Endet das Wort auf einen Selbstlaut (a, e, i, o, u), auf n oder s, wird die vorletzte Silbe betont.

computadora	*„computadóra"* (Computer)
frazada	*„frazáda"* (Wolldecke)
llaman	*„jáman"* (sie rufen an)
camas	*„kámas"* (Betten)

Wörter mit einem Akzent werden immer auf diesem betont.

atrás *„atrás"* (hinten, rückwärts, vorher)

Alle anderen Wörter betont man auf der letzten Silbe.

movilidad *„mobilidád"* (Transport)

¿Cómo andás?
wie (du-)gehst
Wie geht es dir?

Estoy tan mal como ayer.
(ich-)bin so schlecht wie gestern
Mir geht's genau so schlecht wie gestern.

Akzente setzt man auch, um Wörter voneinander zu unterscheiden.

el minibús	der Minibus
él viene	er kommt

Rechtschreibung

Eigennamen und Wörter am Satzanfang werden immer groß geschrieben. Alle anderen Wörter schreibt man in der Regel klein. Das Frage- und Ausrufezeichen steht zusätzlich auch am Satzanfang, und zwar auf dem Kopf.

Oft werden v und b verwechselt, darum sagt man beim Buchstabieren für ein v „b corta" (kurzes b) und für ein b „b larga" (langes b).

Wörter, die weiterhelfen

Jeder Anfang ist schwer, aber mit den folgenden einfachen Wörtern und Redewendungen werden Sie auch ohne umfassende Spanischkenntnisse schnell zum Ziel kommen.

Busco ...	**Ich suche ...**

Busco un hotel/restaurante.
(ich-)suche ein Hotel/Restaurant
Ich suche ein Hotel/Restaurant.

Hay (es gibt) bezieht sich auf das allgemeine Vorhandensein, weshalb man es wie im Deutschen nur mit unbestimmten Artikeln, bzw. nicht näher bestimmten Hauptwörtern verwendet.

¿Hay ...?	**Gibt es ...?**

¿Hay café?
(es-)gibt Kaffee
Gibt es Kaffee?

¿Hay un hotel por acá?
(es-)gibt ein Hotel für hier
Gibt es hier ein Hotel?

Sí, hay.
ja, (es-)gibt
Ja, gibt es.

No, no hay.
nein, nicht (es-)gibt
Nein, gibt es nicht.

¿Dónde hay ...?	**Wo gibt es ...?**

¿Dónde hay una farmacia?
wo (es-)gibt eine Apotheke
Wo gibt es eine Apotheke?

Bezieht man sich auf bestimmte Hauptwörter, sagt man: ¿Dónde está ... ?

¿Dónde está ...?	**Wo ist ...?**

¿Dónde está el baño?
wo (er-/sie-)ist der Bad
Wo ist die Toilette?

¿Dónde está el correo?
wo (er-/sie-)ist der Post
Wo ist die Post?

directo/(todo) derecho	geradeaus
a la izquierda	(nach) links
a la derecha	(nach) rechts
atrás/retro	zurück

¿Tiene ...?	**Haben Sie ...?**

¿Tiene una habitación libre?
(er-/sie-)hat eine Zimmer frei
Haben Sie ein freies Zimmer?

Sí, tengo.
ja, (ich-)habe
Ja, habe ich.

No, no tengo.
nein, nicht (ich-)habe
Nein, habe ich nicht.

Quiero ...	**Ich möchte ...**

Quiero un agua mineral/boleto.
(ich-)will ein Wasser mineralisch/Fahrkarte
Ich möchte ein Mineralwasser/eine Fahrkarte.

¿Cuánto cuesta ...?
wie-viel (er-/sie)kostet
Wie viel kostet ...?

¿Cuánto cuesta eso?
wie-viel (er-/sie-)kostet dies
Wie viel kostet das da?

por favor
für Gefallen
bitte (um etw.)

¡Muchas gracias!
viele Danke
Vielen Dank!

¡de nada!
von nichts
Bitte (sehr). Nichts zu danken.

Hauptwörter

Im Spanischen unterscheidet man nur zwischen männlichen und weiblichen Hauptwörtern. Das Geschlecht entspricht nicht immer dem des deutschen Hauptwortes. Normalerweise erkennt man das Geschlecht an der Wortendung, aber es gibt Ausnahmen. Wörter, die auf -o, -or oder -e enden, sind meistens männlich, z. B.:

el teléfono	Telefon
el conductor	Fahrer
el jefe	Chef

Foto: Yurasova / Dreamstime.com

Auf dem Markt

Wörter, die auf -a, -ión, -d oder -z enden, sind meistens weiblich, z. B.:

la flota	Busunternehmen, Bus
la canción	Lied
la movilidad	Transport, Verkehrsmittel
la paz	Frieden

Einige Wörter, die in Spanien weiblich sind, sind in Bolivien männlich, z. B.:

el radio	Radio
el sauna	Sauna

Weibliche Hauptwörter, die mit einem a oder ha beginnen, stehen manchmal mit dem männlichen Artikel, damit sie besser ausgesprochen werden können. Das Geschlecht bleibt im weiteren sprachlichen Gebrauch jedoch weiblich, auch im Plural, z. B.:

Hauptwörter werden anders als im Deutschen nicht gebeugt, d. h. die Endungen ändern sich nicht.

el agua fría	**las aguas frías**
der Wasser kalt	*die(MZ) Wasser kalten*
das kalte Wasser	das kalte Wasser

Artikel

Wie im Deutschen unterscheidet man zwischen bestimmten (der, die, das) und unbestimmten (ein, eine) Artikeln. Anders als im Deutschen gibt es auch eine Mehrzahlform des unbestimmten Artikels, die mit „einige“ oder „mehrere“ übersetzt wird.

bestimmter Artikel

	männlich		weiblich	
EZ	**el**	der	**la**	die
MZ	**los**	die	**las**	die

unbestimmter Artikel

	männlich		weiblich	
EZ	**un**	ein	**una**	eine
MZ	**unos**	einige	**unas**	einige

Mehrzahl

Bei allen Wörtern, die auf einen Selbstlaut enden, hängt man in der Mehrzahl einfach ein -s an, bei Mitlauten (Konsonanten) in der Regel ein -es.

la chompa	der Pullover
las chompas	die Pullover
el pan	das Brot
los panes	die Brote

Verkleinerungs- (-ito/a) & Vergrößerungsform (-ote/a)

Die Verkleinerungsform ist nicht unbedingt als Verniedlichung gemeint, sondern ist oft einfach Ausdruck von Freundlichkeit und Herzlichkeit.

Es gibt eigentlich kaum Wörter, an die in Bolivien nicht schon mal die Verkleinerungsform -ito (m) oder -ita (w) angehängt wurde. Statt einem hasta luego (bis gleich) hört man auch schonmal ein hasta lueguito (bis „gleichchen"). Im Tiefland benutzt man auch die

Endung -ingo statt -ito, also z. B. un ratingo (ein Momentchen), statt un ratito, bzw. un rato.

una mama	Mutter
una mamita	Mütterchen
un beso	ein Kuss
un besito	ein Küsschen
chico	klein
chiquito	„kleinchen“
chiquitito	klitzeklein

Um Dinge zu vergrößern, kann man auch die Endungen -ote (m), bzw. -ota anfügen.

grande	groß
grandote	sehr groß

Eigenschaftswörter

Eigenschaftswörter richten sich in Geschlecht und Zahl nach dem Hauptwort, auf das sie sich beziehen. Im Gegensatz zum Deutschen stehen sie fast immer hinter dem Hauptwort. Ist das Hauptwort männlich, endet das Eigenschaftswort auf -o. Ist das Hauptwort weiblich, endet es auf -a. In der Mehrzahl wird nach Selbstlauten ein -s, nach Mitlauten normalerweise ein -es angehängt.

el auto lindo *der Auto schön(m)*	das schöne Auto
los autos lindos *die Autos schöne(m,MZ)*	die schönen Autos
la ciudad pequeña *die Stadt klein(w)*	die kleine Stadt
las ciudades pequeñas *die Städte kleine(w,MZ)*	die kleinen Städte

Bei gemischten Personengruppen verwendet man in der Mehrzahl die männliche Form, sind es nur Frauen, die weibliche Form.

Julio y Susana están muy cansados.
Julio und Susana (sie-)sind sehr müde(m,MZ)
Julio und Susana sind sehr müde.

Anna y Susana están muy cansadas.
Anna y Susana (sie-)sind sehr müde(w,MZ)
Anna und Susana sind sehr müde.

Die folgenden Eigenschaftswörter sind dem Hauptwort, auf das sie sich beziehen, immer vorangestellt.

mucho/a	viel
poco/a	wenig
otro/a	anderer, noch einer
menos	weniger
más	mehr

Die folgenden Adjektive verlieren in der Einzahl bei der männlichen Form ihre Endung -o, wenn sie vor dem Hauptwort stehen. Die weibliche Form bleibt gleich. Alguno/a und ninguno/a müssen immer vor dem Hauptwort stehen.

alguno/a	irgendein/e, -welche, einige
bueno/a	gut/e
grande	groß
malo/a	schlecht/e
ninguno/a	kein/e

algún cable	irgendein Kabel
algunos autos	einige Autos
alguna amiga	irgendeine Freundin
el buen humor	die schlechte Laune
la buena comida	das gutes Essen
un mal mes	ein schlechter Monat
la mala reputación	der schlechte Ruf
ningún programa	kein Programm
ninguna moneda	keine Münze
un gran auto	ein großes Auto
una gran fiesta	ein großes Fest
grandes casas	große Häuser

Achtung: Das Adjektiv grande *(groß) verliert in der Einzahl vor männlichen und weiblichen Hauptwörtern die Endung.*

Wichtige Eigenschaftswörter

pobre	arm
rico/a	reich (bei Essen: lecker)
viejo/a	alt
joven	jung
nuevo/a	neu
ocupado/a	besetzt, beschäftigt
libre	frei
tonto/a	dumm
inteligente	intelligent
sencillo	einfach, schlicht
fácil	einfach

Sencillo *bedeutet auch Kleingeld.*

Eigenschaftswörter

dicífil	schwierig
fregado (F)	schwierig, kompliziert
flojo/a	faul
trabajador/a	fleißig
abierto/a	geöffnet
cerrado/a	geschlossen
alto/a	groß, hoch
grande	groß
bajo/a	klein, niedrig
pequeño/a	klein
barato/a	günstig, preiswert
chapi (F)	billig (schlechte Qualität)
caro/a	teuer
bueno/a	gut
malo/a	schlecht
feo/a	hässlich, unfreundlich
lindo/a	schön, nett
bello/a	hübsch
caliente	heiß
frío/a	kalt
corto/a	kurz
largo/a	lang
lento/a	langsam
rápido/a	schnell
aburrido/a	langweilig
divertido/a	lustig, unterhaltsam
ligero/a	leicht (Gewicht)
pesado/a	schwer (Gewicht)
correcto/a	richtig
falso/a	falsch
oscuro/a	dunkel
claro/a	hell
lleno/a	voll
vacío/a	leer

„Es ist schon hell“ (Tag) heißt:
Ya es de día.

limpio/a	sauber
sucio/a	schmutzig
simpático/a	sympathisch
antipático/a	unsympathisch
harto/a	viel

Farben

color	Farbe
amarillo	gelb
azul	blau
blanco	weiß
castaño	kastanienbraun
café, marrón	braun
gris	grau
moreno	dunkelhäutig, -haarig
negro	schwarz
naranja	orange
rojo/colorado	rot
verde	grün
violeta	violett
rubio	blond
plateado	silbern
dorado	golden

Steigern & Vergleichen

Eigenschaftswörter kann man wie im Deutschen auf zwei Arten vergleichen, bzw. steigern, mit der ersten Steigerungsstufe (dem Komparativ, comparativo), z. B. „schöner als“ oder der zweiten Steigerungsstufe (dem Superlativ, superlativo), z. B. „der schönste“.

chico *klein*	klein
más chico que *mehr klein als*	kleiner als
el más chico *der mehr klein*	der kleinste

El Hotel Paradies es más caro que el Hostal Illimani.
der Hotel Paradies (er-/sie-)ist mehr teuer als der Hotel Illimani
Das Hotel Paradies ist teurer als das Hotel Illimani.

El Sajama es la montaña más alta de Bolivia.
der Sajama (er-/sie-)ist die Berg mehr hoch von Bolivien
Der Sajama ist der höchste Berg Boliviens.

Unregelmäßige Steigerungsformen

grande	groß
mayor que	größer als
el/la mayor	der/die größte
pequeño/a	klein
menor que	kleiner als
el/la menor	der/die kleinste
bueno/a	gut
mejor que	besser als
el/la mejor	der/die beste
malo/a	schlecht
peor que	schlechter als
el/la peor	der/die schlechteste

mucho/a	viel
más que	mehr als
-	
poco/a	wenig
menos que	weniger als
-	

„Die meisten" kann man z. B. folgendermaßen ausdrücken:

La mayor parte de las papas vienen del Altiplano.
die größer Teil von die Kartoffeln (sie-)kommen von-der Altiplano
Die meisten Kartoffeln kommen vom Altiplano.

La mayoría de los aymaras viven cerca de La Paz.
die Mehrheit von die Aymara (sie-)leben nahe von La Paz
Die meisten Aymara leben in der Nähe von La Paz.

„Die wenigsten" kann man z. B. folgendermaßen ausdrücken.

Pocos hablan inglés./La minoría (de la gente/población) habla inglés.
wenige (sie-)sprechen Englisch/die Minderheit (von die Leute/Bevölkerung) (er-/sie-)spricht Englisch
Die wenigsten sprechen Englisch.

Im Spanischen gibt es als höchste Steigerungsform noch die Endungen -ísimo, -ísima:

caro/a	teuer
carísimo/a	sehr/außerordentlich teuer
bueno/a	gut
buenísimo/a	sehr/außerordentlich gut

Umstandswörter

Mit Umstandswörtern (Adverbien) kann man Tätigkeitswörter näher beschreiben. Um aus einem Eigenschaftswort ein Umstandswort zu bilden, kann man an die weibliche Form die Endung -mente anhängen.

lento/a	langsam
lentamente	langsam (Umst.)
rápido/a	schnell
rápidamente	schnell (Umst.)

Einige Adverbien bilden unregelmäßige Formen, die wichtigsten sind:

bueno/a	gut
bien	gut (Umst.)
malo/a	schlecht
mal	schlecht (Umst.)

Dieses & Jenes

Die Fürwörter stehen immer vor dem Hauptwort, auf das sie sich beziehen, und richten sich in Geschlecht und Zahl nach diesem.

Im Spanischen unterscheidet man drei hinweisende Fürwörter (Demonstrativpronomen): este (dieser) für Personen und Dinge, die sich nah beim Sprecher befinden, ese (der da) für Dinge in relativer Nähe und aquel (jener) weist auf örtlich und zeitlich weit Entferntes vom Sprecher.

este	dieser
este auto	dieser Wagen
esta calle	diese Straße
estos perros	diese Hunde
estas flores	diese Blumen
ese	der da
ese árbol	der Baum da
esa casa	das Haus da
esos hombres	die Männer da
esas mujeres	die Frauen da
aquel	jener
aquel pueblo	jenes Dorf
aquella noche	jene Nacht
aquellos chicos	jene Kinder
aquellas vacaciones	jene Ferien

Ese, bzw. esa wird oft auch abwertend gebraucht, z. B. ese tipo („dieser Typ da"). Die neutralen Grundformen esto, eso und aquello können auch allein, ohne ein Hauptwort, stehen:

¿Qué es esto/eso/aquello?
was (er-/sie-)ist dies/das-da/jene
Was ist dies/das da/jenes?

Esto es un perro.
dies (er-/sie-)ist ein Hund
Dies ist ein Hund.

¡Eso es!
das-da (er-/sie-)ist
Stimmt.

eso sí/no
das-da ja/nein
(verstärktes) ja/nein

Persönliche Fürwörter

Die persönlichen Fürwörter (Personalpronomen) werden weitaus weniger gebraucht als im Deutschen, denn die gebeugte Form des Tätigkeitswortes ist eindeutig. Oft setzt man die Fürwörter ein, um den Akteur zu betonen.

In Bolivien benutzt man, anders als in Spanien, immer ustedes für die 2. Person Mehrzal und nicht vosotros. Statt tú (du) sagt man auch vos.

Einzahl

yo	ich
tú/vos	du
él, ella	er, sie
usted	Sie (EZ)

Mehrzahl

nosotros/-as	wir (m, w)
ustedes	ihr
ellos, ellas	sie (m), sie (w)
ustedes	Sie (MZ)

Anders als im Deutschen unterscheidet man in der Mehrzahl „wir" und „sie", ob es sich um männliche (nosotros, ellos) oder weibliche Sprecher (nosotras, ellas) handelt. Bei gemischten Gruppen werden stets die männlichen Formen verwendet.

Besitzanzeigende Fürwörter

Die besitzanzeigenden Fürwörter (Possesivpronomen) sind sehr einfach zu handhaben: sie stehen immer vor dem Hauptwort und nur bei nuestro (unser) unterscheidet man, ob es sich auf ein männliches oder weibliches Hauptwort bezieht. Steht das Hauptwort in der Mehrzahl, hängt man einfach ein -s an das jeweilige besitzanzeigende Fürwort an.

mi	mein
tu	dein
su	sein/ihr/Ihr
nuestro/a	unser, unsere
su	euer
su	ihr/Ihr (MZ)

mi libro	mein Buch
mi novia	meine Freundin
mis hijos	meine Kinder

tu hermana	deine Schwester
tus padres	deine Eltern

su amigo	sein/ihr/Ihr/euer Freund
sus casas	seine/ihre/Ihre/eure Häuser

nuestro país	unser Land
nuestra calle	unsere Straße

Wem? oder Wen?

Wie im Deutschen gibt es im Spanischen je nach Fall verschiedene Fürwörter. Im Folgenden aufgelistet finden Sie die Fürwörter für den Akkusativ auf die Frage „wen/was?“, bzw. die für den Dativ auf die Frage „wem?“.

Dativ (wem?)

me	mir
te	dir
le	ihm/ihr/Ihnen
nos	uns
les	euch/ihnen/Ihnen

Akkusativ (wen/was?)

me	mich
te	dich
lo	ihn/Sie (m)
la	sie/Sie (w)
nos	uns
los	euch/sie/Sie (m)
las	sie/Sie (w)

Die Fürwörter stehen anders als im Deutschen immer direkt vor dem Verb.

Le doy el libro.
ihm/ihr/Ihnen (ich-)gebe der Buch
Ich gebe ihm/ihr/Ihnen das Buch.

Lo veo.	**La veo.**
ihn/Sie (ich-)sehe	*sie/Sie (ich-)sehe*
Ich sehe ihn/Sie.	Ich sehe sie/Sie.

Zusammen mit einer Aufforderung werden diese Fürwörter direkt an die Befehlsform angehängt:

¡Búscalo! *(du-)suche-ihn*	Such ihn!
¡Dime! *(du-)sage-mir*	Sag es mir!
¡Escúchame! *(du-)höre-mich*	Hör mir zu!

Tätigkeitswörter

Die spanischen Tätigkeitswörter (Verben) bestehen aus einem Stamm und einer Endung. In der Grundform (Infinitiv) haben alle spanischen Verben eine der drei folgenden Endungen:

-ar	**trabajar**	arbeiten
-er	**vender**	verkaufen
-ir	**abrir**	öffnen

Wie bereits im Kapitel „Persönliche Fürwörter" erläutert, wird in Bolivien für die 2. Person Einzahl (du) auch die vos*-Form verwendet. Für* ustedes *(ihr/Sie) verwendet man dieselbe Verbform wie für* ellos/ellas.

Gegenwart

Bei der Beugung wird die Endung der Grundform durch die Endung der handelnden Person (ich, du, er ...) ersetzt. Je nach Selbstlaut der Endung werden die Verben unterschiedlich gebeugt. Die Unterschiede sind jedoch nur gering. Die Bindestriche in der folgenden Tabelle sollen die Endungen hervorheben.

	trabaj-ar (arbeiten)	**vend-er** (verkaufen)	**abr-ir** (öffnen)
yo (ich)	**trabaj-o**	**vend-o**	**abr-o**
tú/vos (du)	**trabaj-as**	**vend-es**	**abr-es**
él/ella/usted (er/sie/Sie)	**trabaj-a**	**vend-e**	**abr-e**
nosotros/-as (wir)	**trabaj-amos**	**vend-emos**	**abr-imos**
ustedes (ihr)	**trabaj-an**	**vend-en**	**abr-en**
ellos/ellas (sie/Sie)	**trabaj-an**	**vend-en**	**abr-en**

Die persönlichen Fürwörter braucht man in der Regel nicht, es sei denn, man will die handelnde Person betonen.

Unregelmäßige Verben

Einige Verben mit regelmäßigen Endungen verändern den Selbstlaut des Wortstammes. Im Deutschen gibt es das auch, z. B.: „ich gebe" (-e-), aber: „du gibst" (-i-).

ntender (verstehen)	
yo	**entiendo**
tú	**entiendes**
él/ella/usted	**entiende**
nosotros/-as	**entendemos**
ustedes	**entienden**
ellos/ellas	**entienden**

Nach diesem Muster verändern sich auch die folgenden Verben. Der Selbstlaut, der sich verändert, ist in der Liste unterstrichen. Wie im Beispiel ist die erste Person Mehrzahl davon ausgenommen, also regelmäßig.

-e- wird zu -ie-

cerrar	schließen
despertarse	aufwachen
empezar	anfangen
entender	verstehen
pensar	denken
perder	verlieren
preferir	bevorzugen
sentarse	sich setzen
sentir	fühlen, bedauern

-o- wird zu -ue-

almorzar	Mittag essen
contar	(er)zählen
dormir	schlafen
encontrar	finden
morir	sterben
oler	riechen
soñar	träumen
volver	zurückkommen

Folgende Verben sind nur in der 1. Person Einzahl („ich“) unregelmäßig, während alle übrigen Formen regelmäßig sind. In der zweiten Spalte stehen jeweils die 1. und 2. Person Einzahl („ich, du“).

auch: legen, setzen

caer (fallen)	**caigo, caes ...**
hacer (machen)	**hago, haces ...**
poner (stellen)	**pongo, pones ...**
saber (wissen)	**sé, sabes ...**
salir (aussteigen)	**salgo, sales ...**
traer (bringen)	**traigo, traes ...**
ver (sehen)	**veo, ves ...**

Die meisten Verben, die auf -cer oder -cir enden, schieben in der ersten Person Einzahl ein -z- ein:

conocer (kennen)	**conozco, conoces ...**
traducir (übersetzen)	**traduzco, traduces ...**

Einige unregelmäßige Formen des Partizip II finden Sie im Kapitel „Vergangenheit und Zukunft".

Unregelmäßige Verben sind in der Wörterliste mit einem Sternchen gekennzeichnet.

Schließlich gibt es noch Verben, die völlig unregelmäßig gebildet werden. Da sie oft vorkommen und sehr nützlich sind, lernt man sie am besten auswendig. Hier die wichtigsten:

ir gehen	**dar** geben	**decir** sagen	**tener** haben	**venir** kommen	**oir** hören
voy	**doy**	**digo**	**tengo**	**vengo**	**oigo**
vas	**das**	**dices**	**tienes**	**vienes**	**oyes**
va	**da**	**dice**	**tiene**	**viene**	**oye**
vamos	**damos**	**decimos**	**tenemos**	**venimos**	**oímos**
van	**dan**	**dicen**	**tienen**	**vienen**	**oyen**
van	**dan**	**dicen**	**tienen**	**vienen**	**oyen**

Verlaufsform

Die Verlaufsform bezeichnet eine gerade ablaufende Handlung und setzt sich aus dem Verb estar (sein) und dem Partizip I (Mittelwort der Gegenwart) zusammen. Das Partizip I bildet man, indem man die Endungen des Infinitivs durch folgende Endungen ersetzt:

-ar	-ando
comprar	comprando

-er/-ir	-iendo
comer	comiendo
vivir	viviendo

¿Qué estás haciendo?
was (du-)bist machend
Was machst du gerade?

Estoy cocinando.
(ich-)bin kochend
Ich koche gerade.

Foto: Britta Horstmann

Auf dem Markt

Sein & Haben

Für das deutsche Hilfsverb „sein" gibt es im Spanischen zwei Verben: ser und estar.

Sein (ser/estar)

	ser (sein)	**estar** (sein)
yo	**soy**	**estoy**
tú	**eres**	**estás**
él/ella/usted	**es**	**está**
nosotros	**somos**	**estamos**
ustedes	**son**	**están**
ellos/ellas	**son**	**están**

Das Verb ser (sein) wird verwendet, wenn es um unveränderliche Zustände oder wesensmäßige (nicht vorübergehende) Eigenschaften geht, z. B. Nationalität, Religion, Beruf, Herkunft, Identifikation, bleibende Charaktereigenschaften oder Farben.

Yo soy alemán/alemana.
ich (ich-)bin deutsch/deutsche
Ich bin Deutscher/Deutsche.

Ésta es mi novia.
diese (er-/sie-)ist mein/-e Freundin
Das ist meine Freundin.

Estar (sein) bedeutet auch „sich befinden" und wird für vorübergehende Zustände und alles

nicht Wesensmäßige verwendet, z. B. Ortsangaben, körperliches Befinden, Stimmung oder Krankheit.

La tienda está en la Avenida 9 de Julio.
das Geschäft (er-/sie-)ist in die Allee 9 von Juli
Das Geschäft befindet sich in der Straße „9 de Julio".

Die Unterscheidung von ser *und* estar *kann sehr wichtig sein, vgl. folgenden Bedeutungsunterschied.*

Estoy muy cansado/cansada.
(ich-)bin sehr müde(m)/müde(w)
Ich bin sehr müde.

Ella es linda.	Sie ist hübsch. (immer!)
Ella está linda.	Sie ist hübsch. (momentan!)

Zu beachten ist in Sätzen mit ser oder estar, dass ein Eigenschaftswort als Satzergänzung (Objekt) sich in Zahl und Geschlecht nach dem Satzgegenstand (Subjekt) richtet:

Estoy cansado. *ich (ich-)bin müde(m)*	Ich bin müde.	*(sagt ein Mann)*
Estoy cansada. *ich (ich-)bin müde(w)*	Ich bin müde.	*(sagt eine Frau)*
Estamos cansados. *(wir-)sind müde(m,MZ)*	Wir sind müde.	*(nur Männer)*
Estamos cansadas. *(wir-)sind müde(w,MZ)*	Wir sind müde.	*(nur Frauen)*

Bei einer gemischten Gruppe (Männern und Frauen) wird die männliche Mehrzahlform verwendet.

Haben/besitzen (tener)

tener (haben/besitzen)	
yo	**tengo**
tú	**tienes**
él/ella/usted	**tiene**
nosotros	**tenemos**
ustedes	**tienen**
ellos/ellas	**tienen**

Tengo un hermano.
(ich-)habe ein Bruder
Ich habe einen Bruder.

Modalverben

Wie im Deutschen werden die Modalverben mit der Grundform eines anderen Verbs kombiniert. Diese Konstruktion hat den großen Vorteil, dass man nur noch die Modalverben zu beugen braucht. Je nach Bedeutung des Modalverbs wird die Bedeutung der Satzaussage verändert.

	querer	**saber**	**tener que**	**poder**	**deber**
yo	**quiero**	**sé**	**tengo que**	**puedo**	**debo**
tú	**quieres**	**sabes**	**tienes que**	**puedes**	**debes**
él/ella/usted	**quiere**	**sabe**	**tiene que**	**puede**	**debe**
nosotros	**queremos**	**sabemos**	**tenemos que**	**podemos**	**debemos**
ustedes	**quieren**	**saben**	**tienen que**	**pueden**	**deben**
ellos/ellas	**quieren**	**saben**	**tienen que**	**pueden**	**deben**

querer (wollen, mögen, lieben)

¿Quieres ir conmigo?
(du-)willst gehen mit-mir
Willst du mit mir gehen?

Yo te quiero mucho.
ich dich (ich-)liebe viel
Ich mag dich/liebe dich sehr.

Quisiera una milanesa.
(ich-)wollte eine Schnitzel
Ich hätte gerne ein Schnitzel.

Wenn man etwas verlangt, kann man die etwas höflichere Form quisiera *verwenden, was dem deutschen „ich hätte gerne" entspricht.*

saber (wissen)

Saber wird bei erlernten Fähigkeiten auch in der Bedeutung von „können" verwendet.

No sé tocar el piano.
nicht (ich-)weiß berühren der Klavier
Ich kann nicht Klavier spielen.

tener que (müssen)

Tengo que ir de compras.
(ich-)habe zu gehen von Einkäufe
Ich muss einkaufen gehen.

poder (können,dürfen)

Poder heißt „können" im Sinne einer Erlaubnis oder Möglichkeit. Als Hauptwort, el poder, bedeutet es „Macht".

¿Me puedes ayudar?
mir (du-)kannst helfen
Kannst du mir helfen?

No se puede fumar acá.
nicht sich (er-/sie-)kann rauchen hier
Man darf hier nicht rauchen.

¿Podría ..., por favor?
(ich-)könnte ..., für Gefallen
Könnte ich ..., bitte?

deber (müssen)

Deber hat neben „müssen“ auch die Bedeutung „sollen“ und „dürfen“. Als Vollverb bedeutet es „jemandem etwas schulden“.

¿Cuánto le debo?
wie-viel ihm/ihr/Ihnen (ich-)schulde
Wie viel schulde ich ihm/ihr/Ihnen?

No debes fumar acá.
nicht (du-)sollst/darfst rauchen hier
Du sollst hier nicht rauchen.

Rückbezügliche Verben

Die rückbezüglichen (reflexiven) Verben erkennt man in der Grundform an der Endung -se (sich), z. B. acordarse (sich erinnern) oder lavarse (sich waschen). Bei der Beugung trennt sich -se von der Grundform und wird zu einem selbständigen rückbezüglichen Fürwort, das immer direkt vor dem Verb steht.

Die rückbezüglichen Fürwörter stimmen zum Teil mit den gebeugten persönlichen Fürwörtern (Formen für „wen/was?“) überein.

lavarse	sich waschen
me lavo	ich wasche mich
te lavas	du wäschst dich
se lava	er/sie wäscht sich
nos lavamos	wir waschen uns
se lavan	ihr wascht euch
se lavan	sie waschen sich

bañarse	baden
casarse	heiraten
despertarse	aufwachen
detenerse	anhalten
hacerse	machen lassen
irse	weggehen
levantarse	aufstehen
llamarse	heißen
mudarse	umziehen (Wohnung)
pararse	stehenbleiben, aufstehen
quedarse	bleiben
quitarse, sacarse	ausziehen (Kleidung)
sentirse	fühlen

Viele Verben, die im Spanischen rückbezüglich sind, müssen dies nicht im Deutschen sein und umgekehrt.

Se bedeutet auch „man" und wird in unpersönlichen oder passiven Ausdrücken verwendet:

Se vende esta casa.
sich (er-/sie-)verkauft diese Haus
Dieses Haus wird verkauft.

Se habla alemán.
sich (er-/sie-)spricht deutsch
Man spricht Deutsch.

Vergangenheit & Zukunft

Im Folgenden nun das Wichtigste über Vergangenheit und Zukunft.

Vergangenheit

Im Spanischen gibt es mehrere Vergangenheitsformen, von denen wir hier zwei erklären möchten: vollendete Gegenwart (Perfekt, pretérito perfecto) und die historische Vergangenheit (indefinido).

Vollendete Gegenwart

Die vollendete Gegenwart wird verwendet für Handlungen, die in der Vergangenheit begonnen haben und bis in die Gegenwart reichen.

Sie entspricht der deutschen Form der vollendeten Vergangenheit (Perfekt) und setzt sich zusammen aus dem Präsens von haber (sein, haben) und dem Partizip II (Mittelwort der Vergangenheit), z. B. ich habe gegessen.

Das Partizip II der regelmäßigen Verben wird gebildet, indem man die Endungen der Grundform durch folgende Endungen ersetzt:

Infinitiv	Partizip II	
-ar	-ado	
trabajar	trabajado	*(arbeiten)*
-er, -ir	-ido	
comer	comido	*(essen)*
oir	oído	*(hören)*

Das Hilfsverb haber wird nur zur Bildung der zusammengesetzten Zeiten verwendet und darf nicht mit tener (haben/besitzen) verwechselt werden. Im Deutschen kann haber mit „haben" oder „sein" übersetzt werden.

he	ich habe/bin
has	du hast/bist
ha	er/sie hat/ist; Sie (EZ) haben
hemos	wir haben/sind
han	ihr habt/seid
han	sie/Sie (MZ) haben/sind

No he comido todavía.
nicht (ich-)habe gegessen noch
Ich habe noch nicht gegessen.

Hemos visitado el Lago Titicaca.
(wir-)haben besucht der See Titicaca
Wir haben den Titicacasee besucht.

No ha llegado todavía.
nicht (er-/sie-)hat gekommen noch
Er/sie ist noch nicht angekommen.

Einige Verben bilden unregelmäßige Partizipien. Zu den wichtigsten unregelmäßigen Formen des Partizip II im Spanischen gehören:

abrir (öffnen)	**abierto**
escribir (schreiben)	**escrito**
decir (sagen)	**dicho**
hacer (machen)	**hecho**
poner (stellen)	**puesto**
ver (sehen)	**visto**
volver (zurückkommen)	**vuelto**

Historische Vergangenheit (indefinido)

Diese Zeit wird für die Erzählung einmaliger Handlungen verwendet, die zu einem bestimmten Zeitpunkt in der Vergangenheit erfolgten und abgeschlossen wurden. Diese Vergangenheitsform gibt es im Deutschen nicht, aber sie entspricht in etwa dem Gebrauch des Imperfekt (Präteritum). Im Gegensatz zum Deutschen aber, wo diese Form kaum verwendet wird und sie im mündlichen Gebrauch meistens durch die Perfekt-Form ersetzt wird, z. B. „ich habe gegessen“ statt „ich aß“, verwendet man diese Form in Bolivien sehr häufig.

Bei allen regelmäßigen Verben der 1. und 3. Person Einzahl (ich, er/sie/Sie) sind die Endungen betont.

	trabaj-ar (arbeiten)	vend-er (verkaufen)	abr-ir (öffnen)
yo	**trabaj-é**	**vend-í**	**abr-í**
tú	**trabaj-aste**	**vend-iste**	**abr-iste**
él/ella/usted	**trabaj-ó**	**vend-ió**	**abr-ió**
nosotros/-as	**trabaj-amos**	**vend-imos**	**abr-imos**
ustedes	**trabaj-aron**	**vend-ieron**	**abr-ieron**
ellos/ellas	**trabaj-aron**	**vend-ieron**	**abr-ieron**

Die 3. Person Mehrzahl (wir) ist für die Gegenwart und Vergangenheit meistens identisch. Trabajamos kann also sowohl „wir arbeiten“ als auch „wir arbeiteten“ bedeuten. Das hängt vom Sinnzusammenhang ab. Auch in der Vergangenheit sind einige Verben unregelmäßig. Genauer gesagt: Der Stamm verändert sich, aber die Endungen sind regelmäßig.

In der zweiten Spalte stehen die Einzahlformen der Vergangenheit:

Unregelmäßige Verben, die in der 1. Person Einzahl (ich) auf -e *enden, werden nie auf der Endung betont, sondern auf der vorletzten Silbe.*

andar (gehen)	**anduve, anduviste, anduvo ...**	*auch: fahren*
dar (geben)	**dí, diste, dió ...**	
decir (sagen)	**dije, dijiste, dijo ...**	
estar (sein)	**estuve, estuviste, estuvo ...**	
hacer (machen)	**hice, hiciste(s), hizo ...**	
ir (gehen)	**fui, fuiste, fue ...**	
poder (können)	**pude, pudiste, pudo ...**	
poner (stellen)	**puse, pusiste, puso ...**	*auch: legen, setzen*
querer (wollen)	**quise, quisiste, quiso ...**	*auch: lieben*
tener (haben)	**tuve, tuviste, tuvo ...**	
traer (bringen)	**traje, trajiste, trajo ...**	
venir (kommen)	**vine, viniste, vino ...**	
ver (sehen)	**ví, viste, vió ...**	

Zukunft

Im Spanischen ist man bei der Zukunft genauer als im Deutschen. Im Deutschen kann man beispielsweise sagen: „Morgen kaufe ich mir eine Zeitschrift." und meint aber „Morgen werde ich mir eine Zeitschrift kaufen.". In Bolivien verwendet man fast immer die Zukunftsform, wenn sich etwas auf die Zukunft bezieht.

Die Konstruktion ist aber sehr einfach: Man beugt das bereits bekannte Verb ir (gehen) in der Gegenwart, und stellt a sowie die Grundform des Verbs, das man in die Zukunft setzen möchte, nach.

voy a comprar	ich werde kaufen
vas a comprar	du wirst kaufen
va a comprar	er/sie wird kaufen/ Sie werden kaufen (EZ)
vamos a comprar	wir werden kaufen
van a comprar	ihr werdet kaufen
van a comprar	sie/Sie (MZ) werden kaufen

Fragen

Jeder geschriebene Fragesatz beginnt mit einem Fragezeichen, das auf dem Kopf steht. Daran kann man schon zu Beginn des Satzes erkennen, dass es sich um eine Frage handelt. Der Grund: Die Satzstellung einer Frage ist meistens dieselbe wie im normalen Aussagesatz. Nur die Tonlage einer Frage unterscheidet sich von der Aussage: Die Stimme steigt zum Satzende hin an.

Entscheidungsfragen

Entscheidungsfragen sind Fragen, auf die man nur mit sí (ja) oder no (nein) antworten kann.

¿ Llega el bus a tiempo?
(er-/sie-)kommt-an der Bus zu Zeit
Kommt der Bus pünktlich an?

¿Me prestas un bolígrafo?
mir (du-)leihst einen Kugelschreiber
Leihst du mir (d)einen Kugelschreiber?

Ergänzungsfragen

Ergänzungsfragen werden mit Fragewörtern gebildet. Man antwortet mit einem vollständigen Satz. Alle Fragewörter sind mit einem Akzent gekennzeichnet.

Fragen

¿cuándo?	wann?
¿por qué? *für was*	warum?
¿qué?	was?
¿cuál?	welches?
¿quién?	wer?
¿cómo?	wie?
¿cuánto tiempo? *wie-viel Zeit*	wie lange?
¿cuánto?	wie viel?
¿cuántas?	wie viele? (w)
¿cuántos?	wie viele? (m)
¿dónde?	wo?
¿adónde?	wohin?
¿de dónde? *von wo*	woher?

¿Qué es esto?
was (es-/sie-)ist dies
Was ist dies/das hier?

¿Quién es el director?
wer (er-/sie-)ist der Direktor
Wer ist der Direktor?

¿Cómo te llamas?
wie dich (du-)nennst
Wie heißt du?

¿Cuánto cuestan los plátanos?
wie-viel (er-/sie-)kosten die Bananen
Wie viel kosten die Bananen?

Auffordern & Befehlen

Aufforderungen an Personen, die man duzt, sind identisch mit der er-/sie-Form des Tätigkeitswortes.

trabajar	**¡trabaja!**	Arbeite!
comer	**¡come!**	Iss!
abrir	**¡abre!**	Öffne!

Bei Verben, die auf -ir enden, wird manchmal bei der „du-Form" einfach das r weggelassen, z. B.:

¡abrí!	Öffne!
¡permitime!	Erlaube mir!
(du-)erlaube-mir	(Entschuldigung, darf ich?)

Siezt man die Person, so verwendet man die entsprechende Form des Konjunktivs. Vereinfacht kann man sagen, dass die Endung der Grundform auf -ar durch -e und die der Verben auf -er/-ir durch -a ersetzt werden.

trabajar	**¡trabaje!**	Arbeiten Sie!
comer	**¡coma!**	Essen Sie!
abrir	**¡abra!**	Öffnen Sie!

In Spanien ist die Betonung bei der Befehlsform immer auf der vorletzten Silbe, während sie in Bolivien bei der positiven Aufforderung auch auf der letzten Silbe liegen kann.

Auffordern & Befehlen

Einige wichtige Verben haben unregelmäßige Befehlsformen, hier die wichtigsten:

¡di!	Sag!
¡diga!	Sagen Sie!
¡ven!	Komm!
¡venga!	Kommen Sie!
¡oye!	Hör!
¡oiga!	Hören Sie!
¡pon!	Stell/leg!
¡ponga!	Stellen Sie/Legen Sie!
¡trae!	Bring!
¡traiga!	Bringen Sie!

Bei der verneinten Aufforderung (Verbot) verwendet man ebenfalls die Formen des Konjunktivs, z. B.

fumar	rauchen
¡no fumes!	Rauche nicht!
¡no fume!	Rauchen Sie nicht!
comer	essen
¡no comas!	Iss nicht!
¡no coma!	Essen Sie nicht!
abrir	öffnen
¡no abras!	Öffne nicht!
¡no abra!	Öffnen Sie nicht!

Für eine ausführliche Erläuterung des Konjunktivs siehe Literaturhinweis im Anhang.

Verneinung

Verneinung drückt man im Spanischen durch no aus, was im Deutschen sowohl „nein“, „nicht“ als auch „kein“ heißen kann. Die Verneinung steht immer direkt vor dem Verb, auch wenn sie sich auf ein Hauptwort oder Adjektiv bezieht.

¿Me acompañas?
mich (du-)begleitest
Begleitest du mich?/Kommst du mit?

No, no puedo.
nein nicht (ich-)kann
Nein, ich kann nicht.

El chico no se encuentra en la tienda.
der Junge nicht sich (er-/sie-)befindet in die Geschäft
Der Junge ist nicht im Geschäft.

No tenemos tiempo.
keine (wir-)haben Zeit
Wir haben keine Zeit.

Das Besondere bei den folgenden Verneinungen ist, dass sie das Verb umschließen und quasi doppelt verneint werden: Vor dem Verb steht no und danach folgt die eigentliche Verneinung. Diese doppelte Verneinung hebt sich jedoch nicht auf.

Verneinung

no ... tampoco	auch nicht
no ... ningún (m)	kein/-er/-es
no ... ninguna (w)	keine
no ... nunca	nie
no ... nada	nichts
no ... nadie	niemand
no ... todavía/todavía no	noch nicht

No veo nada.
nicht (ich-)sehe nichts
Ich sehe nichts.

No veo ningún auto.
nicht (ich-)sehe kein Auto
Ich sehe kein Auto.

No vino nadie.
nicht (er-/sie-)kam niemand
Es kam niemand.

Statt todavía no (noch nicht) benutzt man in Bolivien oft nur todavía, was aber dasselbe bedeutet:

Ya has comprado los billetes?
schon (du-)hast gekauft die Fahrkarten
Hast du schon die Fahrkarten gekauft?

Todavía.
noch
Nein, noch nicht.

Bindewörter

Die Bindewörter werden wie im Deutschen verwendet, um Sätze oder einzelne Satzteile miteinander zu verbinden. Die Wortstellung ist dieselbe wie im Hauptsatz.

pero	aber	**aunque**	obwohl
cuando	als (zeitl.)	**o**	oder
que	dass	**para**	um zu
porque	weil	**y**	und
si	ob, wenn, falls	**sino**	sondern

Achtung vgl.:
por qué = *warum?*

¿Qué te parece si vamos al cine?
was dir (er-/sie-)scheint, wenn (wir-)gehen zu-der Kino
Was hältst du davon, wenn wir ins Kino gehen?

Cuando estoy enfermo, no salgo de casa.
wenn (ich-)bin krank nicht (ich-)gehe-aus von Haus
Wenn ich krank bin, gehe ich nicht aus dem Haus.

No como carne porque soy vegetariana.
nicht (ich-)esse Fleisch weil (ich-)bin Vegetarierin
Ich esse kein Fleisch, weil ich Vegetarierin bin.

Pienso que María está enferma.
(ich-)denke dass Maria (er-/sie-)ist krank
Ich denke, dass Maria krank ist.

El doctor que conozco es bueno.
der Arzt der/die (ich-)kenne (er-/sie-)ist gut
Der Arzt, den ich kenne, ist gut.

Achtung:
que *kann auch ein Relativpronomen sein: der/die/das oder welche/-r/-s*

Verhältniswörter

Mit den Verhältniswörtern (Präpositionen) kann man zeitliche und räumliche sowie allgemeine Beziehungen ausdrücken. Sie stehen immer vor dem Haupt- oder Fürwort, auf das sie sich beziehen.

a	an, um, zu, nach	**fuera (de)**	außerhalb (von)
para	für	**enfrente (de)**	gegenüber (von)
contra	gegen	**desde**	von, aus
en	in, auf, mit	**detrás (de)**	hinter (örtl.)
con	mit	**dentro (de)**	innerhalb (von)
sin	ohne	**al lado (de)**	neben
por	wegen, durch	**encima (de)**	auf
hasta	bis (zeitl.)	**sobre**	über (örtl. u. figur.)
después de	nach (zeitl.)	**debajo de/bajo**	unter
antes de	vor (zeitl.)	**de**	von, aus
hace	vor, seit	**delante (de)**	vor (örtl.)
desde (hace)	seit	**hacia**	nach, zu, gegen (zeitl.)
durante	während	**entre**	zwischen

Die Verhältniswörter a und de verschmelzen mit dem männlichen bestimmten Artikel el (der) und bilden folgende Formen:

a	**+**	**el**	**=**	**al**	zu dem, zum
de	**+**	**el**	**=**	**del**	von dem, vom

Die weiblichen Artikel verschmelzen mit einem bestimmten Artikel dagegen niemals zu einem Wort.

a

Je nach Zusammenhang kann es im Deutschen oft mit einem anderen Verhältniswort übersetzt werden, die Grundbedeutung bleibt jedoch erhalten.

A bezeichnet das Ziel, die Richtung oder wird für eine Zeitbestimmung verwendet.

Vamos a Bolivia.
(wir-)gehen zu Bolivien
Wir fahren nach Bolivien.

El bus sale a las ocho.
der Bus (er-/sie)fährt-ab zu die acht
Der Bus fährt um acht Uhr ab.

No comemos a mediodía.
nicht (wir-)essen zu Mittag
Wir essen mittags nicht.

Wichtig: A *wird auch verwendet, wenn Personen direktes Objekt (Satzergänzung) sind.*

Veo un gato. aber: **Veo a un amigo.**
(ich-)sehe ein Katze — *(ich-)sehe zu ein Freund*
Ich sehe eine Katze. — Ich sehe einen Freund.

en

En kann im Deutschen verschiedene Bedeutungen haben, die wichtigsten sind „in", „auf" und „mit".

en la mañana
morgens

in Spanien: por la mañana

¿Qué significa esto en alemán?
was (er-/sie-)bedeutet dies in deutsch
Was heißt das auf Deutsch?

Yo voy en trufi.
ich (ich-)gehe in Truffi
Ich fahre mit dem Sammeltaxi.

Llegamos en dos horas.
(wir-)kommen-an in zwei Stunden
Wir kommen in zwei Stunden an.

En *zusammen mit dem Verb* estar *(sein; niemals jedoch* ser *(sein)!) bezeichnet eine Ortsangabe.*

Estoy en casa.
(ich-)bin in Haus
Ich bin zu Hause.

El libro está en la mesa.
das Buch (er-/sie-)ist in die Tisch
Das Buch liegt auf dem Tisch.

de

Die Grundbedeutung von de ist „von". Es wird z. B. für zusammengesetzte Hauptwörter, Zugehörigkeit (Besitz), zur Angabe des Materials, aus dem etwas hergestellt ist, zur Angabe der Herkunft sowie des Themas verwendet.

la puerta de la casa
die Tür von die Haus
die Haustür

una torta de frutilla
eine Torte von Erdbeeren
eine Erdbeertorte

Hablamos de amor.
(wir-)sprechen von Liebe
Wir sprechen über Liebe.

para

Para (für, um ... zu) kann zusammen mit der Grundform eines Verbs im Sinne einer Begründung oder Absicht verwendet werden und erspart so kompliziertere Satzkonstruktionen.

Trabajo para mis hijos.
(ich-)arbeite für meine Kinder
Ich arbeite für meine Kinder.

Yo vine para aprender el castellano.
ich (ich-)kam für lernen der kastilisch
Ich bin gekommen, um Spanisch zu lernen.

por

Por hat die Grundbedeutung „durch", was sich auf den Grund, die Richtung, die Art und Weise oder auf Eigenschaften beziehen kann.

un libro escrito por mí
ein Buch geschrieben von mir
ein von mir geschriebenes Buch

cerrado por vacaciones
geschlossen für Ferien
wegen Ferien geschlossen

Ella corre por la casa.
sie (er-/sie-)rennt für die Haus
Sie rennt durch das Haus.

Hay que cruzar por la plaza.
(es-)gibt dass überqueren für die Platz
Man muss über den Platz gehen.

Achtung: „Danke für ...“ heißt gracias por ... *und nicht* gracias para ...*!*

gracias por su ayuda
Danke für Ihre/eure Hilfe
danke für Ihre/eure Hilfe

Zahlen & Zählen

Die Zahlen unterscheiden sich nicht von den in Spanien gebräuchlichen.

Grundzahlen

0	**cero**	15	**quince**
1	**uno**	16	**dieciséis**
2	**dos**	17	**diecisiete**
3	**tres**	18	**dieciocho**
4	**cuatro**	19	**diecinueve**
5	**cinco**	20	**veinte**
6	**seis**	21	**veintiuno**
7	**siete**	30	**treinta**
8	**ocho**	40	**cuarenta**
9	**nueve**	50	**cincuenta**
10	**diez**	60	**sesenta**
11	**once**	70	**setenta**
12	**doce**	80	**ochenta**
13	**trece**	90	**noventa**
14	**catorce**	100	**cien**

Die zusammengesetzten Zahlen von 16 bis 29 werden wie folgt gebildet: zuerst der Zehner, dann i (kommt von y, und) und am Ende die einstellige Zahl, also genau andersherum als im Deutschen.

31	**treinta y uno**	*(dreißig und eins)*
57	**cincuenta y siete**	*(fünfzig und sieben)*
89	**ochenta y nueve**	*(achtzig und neun)*

Bei den Hundertern und Tausendern geht man wie im Deutschen vor. Zu beachten ist, dass sich bei den zusammengesetzten Zahlen ab 200 die Endung je nach Geschlecht des zugehörigen Hauptwortes ändert, also z. B. doscientos, bzw. doscientas.

Bei uno oder una muss man die Endungen ebenfalls immer an das Hauptwort anpassen, also z. B. veintiuno oder veintiuna. Ansonsten verändert sich die Endung bei Zahlen unterhalb von 200 nie.

100	**cien**	600	**seiscientos**
200	**doscientos**	700	**setecientos**
300	**trescientos**	800	**ochocientos**
400	**cuatrocientos**	900	**novecientos**
500	**quinientos**	1000	**mil**

367	**trescientos sesenta y siete**
485	**cuatrocientos ochenta y cinco**
532	**quinientos treinta y dos**
750	**setecientos cincuenta**
1993	**mil novecientos noventa y tres**

Achtung bei den Zahlen 500, 700 und 900! Man sagt z. B. nicht etwa „cincocientos“, *sondern* quinientos *(500)!*

Ordnungszahlen

Die Ordnungszahlen haben eine männliche und eine weibliche Form. Sie richten sich nach dem dazugehörigen Hauptwort. Für die weibliche Form ersetzt man die Endung -o durch -a.

primero	erster	**sexto**	sechster
segundo	zweiter	**séptimo**	siebter
tercero	dritter	**octavo**	achter
cuarto	vierter	**noveno**	neunter
quinto	fünfter	**décimo**	zehnter
último	letzter		

Stehen die Ordnungszahlen primero und tercero vor einem männlichen Hauptwort, entfällt das -o:

el primer piso	erster Stock
el tercer piso	dritter Stock
la primera calle	erste Straße
la tercera calle	dritte Straße

Zeit & Datum

Die Zeitangaben unterscheiden sich kaum von den in Spanien gebräuchlichen. Sehr wohl unterschiedlich kann aber die Zeitdauer sein, die man damit verbindet. So kann ahora (jetzt) oder ahorita (jetzt gleich) auch schon mal etwas länger dauern.

el día	Tag	**pasado mañana**	übermorgen
la semana	Woche	**ayer**	gestern
el mes	Monat	**anteayer**	vorgestern
el año	Jahr	**la noche**	Abend, Nacht
hoy	heute	**anoche**	gestern Abend
(la) mañana	morgen, Morgen	**la tarde**	Nachmittag
en la mañana/tarde/noche	morgens/nachmittags/abends		

pronto	bald	**todavía, aún**	noch (nicht)
temprano	früh	**ya**	schon
(más) tarde	spät(er)	**ya no**	nicht mehr
antes (de)	vorher	**a menudo/ muchas veces**	oft
después (de)	nachher	**a veces**	manchmal
luego, entonces	dann	**siempre**	immer
al final	schließlich	**nunca**	nie
la última vez	letzte(s) Mal		

Im Spanischen unterscheidet man zwischen der Zeitdauer (desde hace) und dem Zeitpunkt (hace, desde), indem man zwei verschiedene Präpositionen verwendet.

Estudio desde hace tres años.
(ich-)studiere von vor drei Jahre
Ich studiere seit drei Jahren.

Hace dos semanas que llegué.
vor zwei Wochen dass (ich-)kam
Ich bin vor zwei Wochen angekommen.

Estoy aquí desde las siete.
(ich-)bin hier von die sieben
Ich bin seit sieben Uhr hier.

en marzo
in März
im März

la semana que viene
die Woche dass (er-/sie-)kommt
nächste Woche

la semana pasada/el mes pasado/el año pasado
die Woche vergangene/der Monat vergangene/das Jahr vergangene
letzte Woche/letzten Monat/letztes Jahr

esta mañana/tarde/noche
diese Morgen/Nachmittag/Nacht
heute Morgen/Nachmittag/Nacht

noche *auch: Abend*

hasta mañana
bis morgen
bis morgen

Vámonos, ya es tarde.
(wir-)gehen schon (er-/sie-)ist spät
Gehen wir, es ist schon spät.

Aún no lo sé.
noch nicht es (ich-)weiß
Ich weiß es noch nicht.

Pedro ya no está en la casa.
Pedro schon nicht (er-/sie-)ist in die Haus
Pedro ist nicht mehr zu Hause.

Uhrzeit

Bei allen Stundenangaben wird der weibliche Plural-Artikel las gebraucht, der sich auf la hora, die Stunde bezieht. Nur bei 1 Uhr wird der Artikel in der Einzahl, la, gebraucht.

¿Qué hora es?
was Stunde (er-/sie-)ist
Wie spät ist es?

Es la una.
(er-/sie-)ist die eine
Es ist ein Uhr.

Son las tres.
(sie-)sind die drei
Es ist drei Uhr.

y	nach
cuarto	viertel
para, menos	vor
media	halb
el segundo	Sekunde
el minuto	Minute
el mediodía	zwölf Uhr mittags
la medianoche	Mitternacht

und (y)

für, weniger (para, menos)

Son las cuatro y cinco/cuarto.
(sie-)sind die vier und fünf/viertel
Es ist fünf/viertel nach vier.

Son las cuatro y media.
(sie-)sind die vier und halbe
Es ist halb fünf.

Nicht verwechseln: cuatro *heißt „vier",* cuarto *heißt „Viertel"!*

Son las cuatro menos veinte/cuarto.
(sie-)sind die vier weniger zwanzig/viertel
Es ist zwanzig/viertel vor vier.

diez para las tres
zehn für die drei
zehn vor drei

In Bolivien wird für die Uhrzeit das 12-Stunden-System benutzt, weshalb man die Tageszeit zusätzlich erwähnt, sofern sie nicht eindeutig ist:

... en/de la mañana	am Vormittag
... del mediodía	am Mittag
... en/de la tarde	am Nachmittag
... en/de la noche	in der Nacht

auch: am Abend

¿A qué hora vienes?
zu was Stunde (du-)kommst
Um wie viel Uhr kommst du?

a las nueve en/de la mañana
zu die neun von die Morgen
um neun Uhr morgens

Wochentage

lunes	Montag
martes	Dienstag
miércoles	Mittwoch
jueves	Donnerstag
viernes	Freitag
sábado	Samstag
domingo	Sonntag
el feriado	Feiertag
el fin de semana	Wochenende

los días de la semana
= *die Wochentage*
wörtl.: die Tage von die Woche

el día laborable
= *Werktag*
wörtl.: der Tag bestellbar

Die Wochentage sind männlich. Stellt man dem Wochentag den bestimmten Artikel el voran, erhält man z. B. für el día jueves die Bedeutung „am Donnerstag", stellt man dagegen los voran, erhält man für los días jueves die Bedeutung „donnerstags".

Monate

enero	Januar
febrero	Februar
marzo	März
abril	April
mayo	Mai
junio	Juni
julio	Juli
agosto	August
septiembre	September
octubre	Oktober
noviembre	November
diciembre	Dezember

las estaciones
= *die Jahreszeiten*

Jahreszeiten

la primavera	Frühling
el verano	Sommer
el otoño	Herbst
el invierno	Winter

Datum

Für die Datumsangabe werden die Grundzahlen verwendet. Nur der „erste“ des Monats wird mit der Ordnungszahl angegeben.

el primero de abril
der erste von April
am ersten April

el siete de agosto
der sieben von August
am siebten August

Mengen & Maße

Die Bezeichnungen für Mengenangaben und Maße stimmen mit den in Spanien gebräuchlichen überein.

una docena	ein Dutzend
una botella	eine Flasche
cien gramos	hundert Gramm
una arroba	ca. 12 Kilo (ein Viertelzentner)
un kilo	ein Kilo(gramm)
medio kilo	ein halbes Kilo(gramm)
un kilómetro	ein Kilometer
un litro	ein Liter
un metro	ein Meter
una libra	ein Pfund
una porción	eine Portion
una taza	eine Tasse
un centímetro	ein Zentimeter

Das Hauptwort, auf das sich die Mengenangabe bezieht, wird mit de (von) nachgestellt.

medio kilo de papas
halbes Kilo von Kartoffeln
ein halbes Kilo Kartoffeln

una botella de vino tinto
eine Flasche von Wein gefärbt
eine Flasche Rotwein

Foto: Javarman / Dreamstime.com

La Paz bei Nacht

Kurz-Knigge

In Bolivien pflegt man in der Regel einen sehr höflichen Umgang miteinander. Was für uns manchmal übertrieben höflich erscheint, gehört in Bolivien zum guten Umgangston. Versuchen Sie deshalb auch in schwierigen Situationen, sich nicht aufzuregen und freundlich zu bleiben, so kommen Sie eher ans Ziel.

Die Normen und Werte der bolivianischen Gesellschaft sind konservativer als im deutschsprachigen Raum. Dies gilt z. B. für den Umgang zwischen Männern und Frauen als auch für die Kleiderordnung. Vermeiden Sie allzu spärliche Bekleidung, vor allem im Hochland, denn damit verletzen Sie das Schamgefühl der Leute. So werden Sie z. B. so gut wie nie einen Mann mit kurzer Hose sehen, sei es noch so heiß. Weniger eng sind die Grenzen beim Körperkontakt gezogen. Man begrüßt sich mit Küsschen oder gar Umarmung oder sitzt eng gedrängt im Minibus.

Als hellhäutiger Typ wird man unabhängig der Nationalität manchmal als gringo, bzw. als Frau als gringa bezeichnet. Meistens verbindet man hiermit typische Verhaltensweisen von Touristen, bzw. Ausländern, die nicht genau Bescheid wissen, wie etwas funktioniert. Die Aussage eres como gringo/a, du bist wie ein Gringo/eine Gringa, die auch Bolivianer untereinander benutzen, bedeutet zunächst einmal, dass man etwas nicht versteht. Den Ausdruck indio/a für Ureinwohner sollten Sie vermeiden, denn er wird u. a. von einigen bolivianischen gesellschaftlichen Gruppen abfällig verwendet. Verwenden Sie statt dessen lieber den neutralen Begriff indigena (m/w; MZ indigenas).

Foto: Toniflap / Dreamstime.com

traditionelle Stoffe auf dem Markt in La Paz

Die Klassengesellschaft ist in Bolivien sehr stark ausgeprägt und Schuld an der schlechten wirtschaftlichen Situation im Land ist immer der andere. Dies gilt nicht nur zwischen den Klassen und Hautfarben, sondern auch zwischen dem Hoch- und dem Tiefland. Bei den verschiedenen Klassen und Bevölkerungsgruppen treffen manchmal Welten aufeinander, sowohl in kultureller als auch ökonomischer Hinsicht. Die Einkommensunterschiede gehören mit zu den höchsten in Südamerika. Da die Mehrheit der Bevölkerung arm ist, sollten Sie es vermeiden, Reichtum zur Schau zu stellen.

Gesten: Das hin und her winken mit der Hand mit den Fingern nach oben und mit der Handfläche zum Körper gedreht bedeutet „nein/ es geht nicht".

Begrüßen & Verabschieden

Die einfachste Form des Grüßens ist ein einfaches ¡hola!.

Im Alltag, bzw. wenn man sich nicht kennt, ist es jedoch höflicher und üblicher die jeweilige Langfassung zu verwenden: bis zum Mittag sagt man buenos dias, am Nachmittag bis zur Dämmerung buenas tardes, nach Einbruch der Dunkelheit buenas noches.

In Bolivien ist es üblich, Frauen mit einem angedeuteten Kuss auf die rechte Wange zu begrüßen und auch zu verabschieden. Bei offiziellen Anlässen ist dies nicht unbedingt der Fall und man gibt sich einfach die Hand.

Männer geben sich die rechte Hand und oft folgt (nur zur Begrüßung) eine angedeutete Umarmung, wobei man dem Gegenüber mit der rechten Hand auf den linken Oberarm, bzw. das Schulterblatt klopft, während die linke Hand auf dem linken Oberarm ruht. Danach gibt man sich nochmal die rechte Hand.

¡Buenos días!
gute Tage
Guten Morgen/Tag!

¡Buenas tardes!
gute Nachmittage
Guten Nachmittag!

¡Buenas noches!
gute Nächte
Guten Abend! Gute Nacht!

¡Hola!	Hallo!
¡Buenas!	Tag! (allg. Kurzform)
¡Bienvenido/-a!	Willkommen!

Direkt auf die Begrüßung folgt die Frage nach dem Wohlergehen. Kennt man sich nicht so gut, ist dies eher floskelartig gemeint und man antwortet einfach mit bien, gut.

¿Cómo estás?
wie (du-)befindest-dich
Wie geht es dir?

¿Cómo está?
wie (er-/sie-)befindet-sich
Wie geht es Ihnen?

¿Cómo te va?
wie dir (er-/sie-)geht
Wie geht es dir?

Hola, ¿qué tal?
hallo was solches
Hallo, wie geht's?

(Muy) Bien, ¿y tu/usted?
(sehr) gut und du/Sie
(Sehr) Gut und dir/Ihnen?

Statt tu *sagt man auch oft* vos:

Bien, ¿y vos?
gut und du
Gut und dir?

Estoy chocho/a. (F)
(ich-)bin närrisch(m/w)
Ich bin glücklich.

Verabschieden können Sie sich z. B. so:

Standard-verabschiedung für jede Situation

¡Hasta luego!
bis nachher
Bis später!

¡Hasta pronto!
Bis bald!

¡Hasta mañana!
Bis morgen!

¡Chao!
Ciao/Tschüss!

¡Qué te vaya bien!
was dir (es-)gehe gut
Mach's gut!/
Lass es dir gut gehen!

Nos vemos.
wir (uns-)sehen
Wir sehen uns.

¡Cuídate!
(du-)pass-auf-dich
Pass auf dich auf!

¡Igualmente!
Gleichfalls!

¡Buen viaje!
gut Reise
Gute Reise!

¡Saludos de mi parte!
Grüße von mir Teil
Grüße von mir!

Mit einem Smartphone können Sie sich die mit einem gekennzeichneten Sätze dieses Kapitels anhören. Scannen Sie einfach den QR-Code mit Hilfe einer kostenlosen App (z. B. „Barcoo" oder „Scanlife").

Anrede

Bestimmte Titel und Anreden gehören zum Alltagswortschatz. Sie werden von jung und alt sehr gerne eingesetzt und sind Ausdruck von Höflichkeit. So kann der Taxifahrer z. B. mit maestro, Meister, angesprochen werden oder mit señor, Herr. Besitzt jemand einen Berufstitel, z. B. ingeniero, Ingenieur, so benutzt man auch diesen. Anders als bei uns, können die Anreden auch mit dem Vornamen kombiniert werden, z. B. Doña Rosa, Frau Rosa.

Amigo/a	Freund
Don ...	Herr ... (+Vorname)
Doña ...	Frau ... (+Vorname)
hermano/a	Bruder/Schwester
Jefe	Chef
Maestro/a	Meister/-in (kein Berufstitel)
Mamita	Mütterlein
Papito	Väterlein
Señor	Herr
Señora	Frau
Señorita	Fräulein

Man ist zwar schneller beim „du" als bei uns, dennoch siezt man Ältere und Unbekannte zunächst einmal.

Danken, Bitten & Entschuldigen

Im Allgemeinen pflegt man in Bolivien den höflichen Umgang miteinander. Im Folgenden ein paar Wörter und Sätze, die Sie sich deshalb unbedingt aneignen sollten.

Danken

¡Muchas gracias!
viele Danke
Vielen Dank!

muy amable
sehr liebenswürdig

muy gentil
sehr nett

¡De nada!
von nichts
Bitte sehr!/Keine Ursache!

¡No hay de qué!
nicht (es-)gibt von was
Bitte sehr!/Keine Ursache!

Bitten & Beschweren

Por favor, ¿me puedes pasar la sal?
für Gefallen, mir (du-)kannst reichen die Salz
Kannst du mir bitte das Salz geben?

(Por favor,) Quisiera ...
(für Gefallen) (ich-)wollte
Ich hätte gerne ... (bitte)

Por favor, ¿me puede/podría ayudar?
für Gefallen, mir (er-/sie-)kann/(er-/sie-)könnte helfen
Können/Könnten Sie mir bitte helfen?

¿Sería usted tan amable de llamarme?
(er-/sie-)wäre Sie so liebenswürdig von anrufen-mich
Wären Sie so nett, mich anzurufen?

Necesito ayuda.
(ich-)brauche Hilfe
Ich brauche Hilfe.

¡Ayúdame, por favor!
(du-)hilf-mir, für Gefallen
Hilf mir, bitte!

Voy a quejarme.
(ich-)gehe zu beschweren-mich
Ich werde mich beschweren.

No he pedido un jugo, sino un agua.
nicht (ich-)habe bestellt ein Saft, sondern ein Wasser
Ich habe keinen Saft bestellt, sondern ein Wasser.

(En realidad) Quería una habitación doble.
(in Wahrheit) (ich-)wollte eine Zimmer doppelt
Ich wollte (eigentlich) ein Doppelzimmer.

¿Disculpe, el café esta frío. Me puede traer otro?
(Sie-)entschuldigen, der Kaffe (er-/sie-)ist kalt
mir (er-/sie-)kann bringen andere
Entschuldigung, der Kaffee ist kalt.
Können Sie mir einen anderen bringen?

Entschuldigen

¡Disculpe!	Entschuldigen Sie!
¡Disculpa!	Entschuldige!
¡Permiso!	wörtl. „*Erlaubnis*“
¡Perdón!	Entschuldigung!

Im Sinne von „Entschuldigung“, wenn man sich z. B. vom Tisch erhebt oder an jemandem vorbei gehen möchte

Lo siento (mucho).
es (ich-)fühle (sehr)
Das tut mir (sehr) Leid.

¡Mil disculpas!
tausend Entschuldigungen
Entschuldigung vielmals.

No era mi intención.
nicht (er-/sie-)war meine Absicht
Das wollte ich nicht.

auch: Das war nicht meine Absicht.

Está bien.
(er-/sie-)ist gut
(Es ist) schon gut/macht nichts.

No pasó nada.
nicht (er-/sie-)passierte nichts
(Es ist) nichts passiert.

¡No se preocupe!
nicht sich (er-/sie-)sorge
Machen Sie sich keine Sorgen/Gedanken!

No hay problema.
nicht (es-)gibt Problem
Kein Problem.

Ins Gespräch kommen

Wenn Sie mit den Leuten ins Gespräch kommen, werden Ihnen am Anfang wahrscheinlich oft dieselben Fragen gestellt, gerade als Tourist. Hier ein paar mögliche typische Fragen und Antworten.

Mit einem Smartphone können Sie sich die mit einem gekennzeichneten Sätze dieses Kapitels anhören.

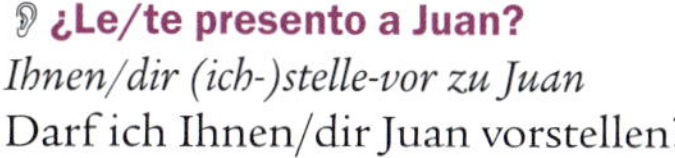

¿Le/te presento a Juan?
Ihnen/dir (ich-)stelle-vor zu Juan
Darf ich Ihnen/dir Juan vorstellen?

mucho gusto (en conocerle/conocerte)
viel Gefallen (in kennen-Ihnen/kennen-dich)
angenehm (Sie/dich kennenzulernen)

Encantado/a, soy María.
verzaubert(m/w), (ich-)bin Maria
Sehr erfreut, ich bin Maria.

¿Cómo se llama/te llamas?
wie sich (er-/sie)ruft/dich (du-)rufst
Wie heißen Sie/heißt du?

Me llamo Roberto.
mich (ich-)rufe Roberto.
Ich heiße Roberto.

¿Cuánto tiempo lleva/llevas en Bolivia?
wie-viel Zeit (er-/sie-)mitbringt/(du-)mitbringst in Bolivien
Wie lange sind Sie/bist du schon in Bolivien?

Ins Gespräch kommen

¿De dónde es/eres?
von wo (er-/sie)ist/(du-)bist
Woher kommen Sie/kommst du?

Soy de Alemania.
(ich-)bin von Deutschland
Ich komme aus Deutschland.

¿Y qué te parece Bolivia?
und was dir (er-/sie-)scheint Bolivien
Und wie gefällt dir Bolivien?

Me gusta mucho.
mir (es-)gefallen sehr
Es gefällt mir sehr.

¿Le/te afecta la altura?
Sie/dir (es-)betrifft die Höhe
Macht Ihnen/dir die Höhe etwas aus?

¿Tiene/tienes problemas con la altura?
(Sie-)haben/(du-)hast Probleme mit die Höhe
Haben Sie/Hast du Probleme mit der Höhe?

Zu Gast sein

Wird man in Bolivien eingeladen, so darf man ruhig etwas später kommen. Auf keinen Fall aber darf man angebotene Getränke oder Speisen ablehnen. Dies wird als große Beleidigung empfunden.

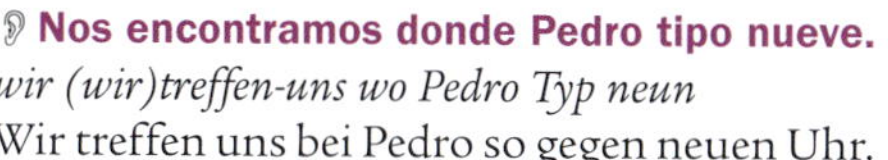

Nos encontramos donde Pedro tipo nueve.
wir (wir)treffen-uns wo Pedro Typ neun
Wir treffen uns bei Pedro so gegen neuen Uhr.

Mit einem Smartphone können Sie sich die mit einem gekennzeichneten Sätze dieses Kapitels anhören.

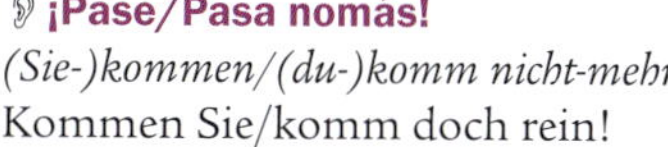

¡Pase/Pasa nomás!
(Sie-)kommen/(du-)komm nicht-mehr
Kommen Sie/komm doch rein!

¡Siéntese/ Siéntate, por favor!
(Sie-)setzen-sich/(du-)setz-dich, für Gefallen
Setzen Sie sich/setz dich doch bitte!

¿Desean/ Deseas tomar/comer algo?
(Sie-)möchten/(du-)möchtest nehmen/essen etwas
Möchten Sie/Möchtest du etwas trinken/essen?

Muy amable, gracias.
sehr liebenswürdig, danke
Sehr nett, danke
(bedeutet in Bolivien: „ja, gerne").

Muy rica (la comida)!
sehr reich (die Essen)
(Das Essen ist) Sehr lecker!

¡(Buen) Provecho!
Guten Appetit!

Zu Gast sein

¿Te aumento?
dir (ich-)erhöhe
Darf ich dir noch einen Nachschlag geben?

¿Me invitas un pancito?
mich (du-)lädst-ein ein Brötchen
Gibst du mir ein Brot?

auch: Darf ich mir ein Brot nehmen?

Hier wird das Essen direkt aus dem awayo *(Tragetuch) gegessen.*

auch: estar full *(F)*

(damit ist oft Alkohol gemeint)

el aptapi	festl. Beisammensein im Hochland
almorzar	zu Mittag essen
cenar	zu Abend essen
desayunar	frühstücken
estar satisfecho/a	satt sein (m/w)
el living	Wohnzimmer
la parrillada	Grillfest, -abend
tomar	trinken

Den Deutschen eilt der Ruf der Pünktlichkeit voraus, dies hat sich sogar im Sprachgebrauch eingebürgert. So spricht man bisweilen von der hora alemana, der „deutschen Stunde", wenn die angegebene Uhrzeit auch wirklich gemeint ist.

Von der hora boliviana *spricht man, wenn jemand viel zu spät kommt. Dafür gibt es auch noch den schönen Ausdruck:* No vengas a las quinientas. *„Komm nicht um fünfhundert Uhr!"*

Quedamos a las ocho hora alemana.
(wir-)bleiben zu die acht Stunde deutsch
Wir treffen uns um Punkt acht Uhr.

No vengas a hora boliviana. / No vengas a las quinientas.
nicht (du-)komme zu Stunde bolivianisch / nicht (du-)komme zu die 500
Komm nicht zu spät.

Die liebe Familie

¿Cuántos hermanos/hijos tienes?
wie-viel Brüder/Söhne (du-)hast
Wie viele Geschwister/Kinder hast du?

Tengo un hermano y dos hermanas.
(ich-)habe ein Bruder und zwei Schwestern
Ich habe einen Bruder und zwei Schwestern.

¿Estás casado/a?
(du-)bist verheiratet(m/w)
Bist du verheiratet?

el matrimonio
= Hochzeit

¿Cómo se llama tu guagua?
wie sich (er-/sie-)ruft dein Kind
Wie heißt dein Kind?

Mit mamita *bezeichnet man allgemein auch liebevoll Töchter und Frauen. Mit* papito *bezeichnet man allgemein auch liebevoll Söhne und Männer.*

el/la chango/a	Kind (m/w)
la guagua (wawa)	kleines Kind
la mamita	Mütterlein
el papito	Väterlein
la madre	Mutter
el padre	Vater
el/la hermano/a	Bruder/Schwester
el/la novio/a	fester Freund/feste Freundin
el/la esposo/a	Ehemann/Ehefrau
el/la hijo/a	Sohn/Tochter
el/la abuelo/a	Opa/Oma
el/la sobrino/a	Neffe/Nichte
el/la tío/a	Onkel/Tante
el/primo/a	Cousin/Cousine
el/la suegro/a	Schwiegervater/-mutter
el/la cuñado/a	Schwager/Schwägerin

wörtl.: Verlobte/r

Mit hermano/a *wird man auch auf der Straße angesprochen, das ist natürlich nicht wörtlich gemeint, sondern im Sinne von Kumpel/Freund.*

Unterwegs

Reisen in Bolivien kann beschwerlich sein, denn die Straßen sind nicht immer im besten Zustand, vor allem in der Regenzeit. Von daher ist es auch nicht wie bei uns üblich, Entfernungen in Kilometern anzugeben, sondern in Stunden, da die Reisedauer immer vom Zustand der Wege abhängt.

Der Verkehr in den Städten ist wuselig und bisweilen chaotisch. Nicht immer hält man sich an die Verkehrsregeln. Als Fußgänger muss man deshalb besonders gut aufpassen, zumal die Verkehrsregeln anders sind. Autos, die bergauf fahren, haben immer Vorfahrt. Dies gilt auch für die vielen Passstraßen!

Die üblichen Verkehrsmittel in der Stadt sind der Minibus, Micro, Truffi, Taxi und das Radiotaxi.

Mit dem Minibus oder Micro

Minibusse und Micros fahren festgelegte Strecken ab, die an der Windschutzscheibe angegeben sind. Es gibt fast keine festen Haltestellen. Wenn man zusteigen möchte, gibt man dem Fahrer einfach ein Handzeichen.

Im Gegensatz zu den größeren Micros (alte farbige Busse), haben Minibusse (mit Schiebetür) einen Beifahrer (vocero), *der die Strecke und den Fahrpreis ausruft und das Fahrgeld einsammelt. Dafür sollten Sie Kleingeld bereithalten.*

¿Por dónde pasa el minibús al Valle de la Luna?
für wo (er-/sie-)fährt-vorbei der Minibus zu-der Tal von die Mond
Wo fahren die Minibusse ins Valle de La Luna ab?
(bzw. Welche Strecke fahren sie ab?)

¿Pasa por El Prado?
(er-/sie-)fährt-vorbei für El Prado?
Fahren Sie über den Prado?

Si, ¡suba!
ja, (Sie-)steigen-ein
Ja, steigen Sie ein!

¡Siga nomás!
(Sie-)folgen nur
Gehen Sie ruhig!

Su pasaje, por favor, ¡sencillo/suelto nomás!
sein/ihr/Ihr/euer Fahrpreis, für Gefallen Kleingeld/Kleingeld nur
Ihr Fahrgeld, Kleingeld, bitte!

Wenn Sie aussteigen möchten, können Sie die folgenden Redewendungen verwenden:

Bajo acá.
(ich-)steige-aus hier
Ich steige hier aus.

Voy a bajar.
(ich-)gehe zu aussteigen
Ich werde aussteigen. (gemeint: Ich würde gerne aussteigen.)

Me quedo en la pasarela.
mich (ich-)bleibe in die Fußgängerbrücke
Ich steige an der Fußgängerbrücke aus.

En la esquina, ¡por favor!
in die Ecke, für Gefallen
An der Ecke bitte!

¡Parada (por favor)!
Haltestelle (für Gefallen)
Bitte anhalten!

Mit dem Truffi, Taxi oder Radiotaxi

Taxis und Radiotaxis bringen einen individuell zum Zielort, wie in Europa. Im Gegensatz zu den Taxis kann man Radiotaxis auch per Telefon bestellen. Auf der Straße erkennt man sie an der Leuchtreklame mit Rufnummer auf dem Autodach. Radiotaxis zahlt man unabhängig von der Personenzahl und sie sind deshalb auch etwas teurer als Taxis, die man pro Person bezahlt. Taxis erkennt man lediglich an dem Taxi-Schild hinter der Windschutzscheibe.

Truffis sehen aus wie Taxis, fahren aber wie Minibusse und Micros feste Strecken ab, die an der Windschutzscheibe angegeben sind. Der Unterschied ist lediglich, dass sie in der Regel schneller sind und etwas teurer, aber immer noch billiger als Taxis oder Radiotaxis. Um ans Ziel zu gelangen, nennt man neben der Straße und Hausnummer auch eine Straße, die kreuzt. Die Preise sind eigentlich festgelegt, nachts zahlt man üblicherweise etwas mehr. Um sicher zu gehen, dass man nicht doch mehr zahlt als gedacht, kann man den Preis vorher abmachen.

A la Sánchez Lima y Belisario Salinas, por favor.
zu die Sanchez Lima und Belisario Salinas für Gefallen
Zur Straße Sanchez Lima und Belisario Salinas bitte.

¡Cóbrese/Cobrate!
(Sie-)erheben/(du-)erhebe
Hier, nehmen Sie/nimm schon mal das Geld.

¿Cuánto me cobra?
wie-viel mir erheben
Wie viel berechnen Sie mir?

auch: Was bekommen Sie?

¿Cuánto es?
wie-viel (er-/sie-)ist
Was kostet das?

Mit dem Bus oder Zug

Leider gibt es nur noch wenige Strecken, die man mit dem Zug zurücklegen kann. Um so mehr muss man für die Busfahrten ein gutes Sitzfleisch mitbringen, nicht nur wegen der großen Entfernungen. Die enormen Höhenunterschiede vom Andenplateau ins Tiefland sowie einige schlechte und holprige Straßen führen dazu, dass man oft nur im Schneckentempo vorankommt.

Bei den meisten Busfahrten bekommt man einen festen Sitzplatz zugewiesen, den man sich vorab aussuchen darf.

el terminal de buses	Busbahnhof
la flota	Busunternehmen, Bus
la estación de trenes	Bahnhof
el boleto	Fahrkarte
el pasaje	Fahrgeld, Fahrkarte
el asiento	Sitzplatz
ida y vuelta	hin und zurück
llegar a tiempo	rechtzeitig, pünktlich kommen

¿A qué hora salen los autobuses para Oruro?
zu was Stunde (sie-)fahren-ab die Busse für Oruro
Wann fahren die Busse nach Oruro ab?

¿Qué asiento quiere?
was Sitz (er-/sie-)will
Welchen Sitzplatz möchten Sie?

¿Cuánto dura la pausa?
wie-viel (er-/sie-)dauert die Pause
Wie lange dauert die Pause?

¿Cuánto tiempo demora el bus hasta Oruro?
wie-viel Zeit (er-/sie-)verzögert der Bus bis Oruro
Wie lange fährt der Bus bis Oruro?

El bus tiene una demora de dos horas.
der Bus (er-/sie-)hat eine Verzögerung von zwei Stunden
Der Bus hat eine Verspätung von zwei Stunden.

¿A qué hora llegamos a Sucre?
zu was Stunde (wir-)kommen zu Sucre
Um wie viel Uhr kommen wir in Sucre an?

Mit dem eigenen Verkehrsmittel

Informieren Sie sich vor Reiseantritt, wann die nächste Tankstelle kommt, denn diese sind, je nach Region, rar.

Die Mautstellen in Bolivien sind zugleich auch Kontrollstellen für die (Grenz-) Polizei, die bei dieser Gelegenheit schon mal nach dem Führerschein, den Autopapieren oder dem Reisepass fragt.

Auf dem Weg

auch: la tarjeta de propriedad del vehículo

remolcar	abschleppen
empujar	anschieben
la identificación del vehículo	Autoschein
la gasolina	Benzin
sin plomo	bleifrei
el diesel	Diesel
la licencia de conducir	Führerschein
la velocidad limitada	Geschwindigkeitsbegrenzung
la tranca	Maut- und Kontrollstelle

alquilar	mieten
el octano	Oktanzahl
el parqueo	Parkplatz
el peaje	Straßengebühr
la gasolinera	Tankstelle
el accidente	Unfall
el seguro	Versicherung
full	voll tanken

In der Werkstatt

el líquido de frenos	Bremsflüssigkeit
el agua destilada	destilliertes Wasser
arreglar un reventón	flicken
el aire	Luft
la presión de llantas	Luftdruck in den Reifen
el mecánico	Mechaniker
el aceite	Öl
la avería	Panne
la gomería	Reifen-Werkstatt
la reparación	Reparatur
el destornillador	Schraubenzieher
la corriente	Strom
el taller	Werkstatt
las herramientas	Werkzeug

Señor, ¿la cuido?
Herr, sie (ich-)passe-auf
Soll ich auf darauf aufpassen?

z. B. la moto, *das Motorrad*

¿Dónde hay un parqueo?
wo (es-)gibt ein Parkplatz
Wo gibt es einen bewachten Parkplatz?

¿Dónde encuentro una gasolinera (por acá)?
wo (ich-)finde eine Tankstelle (für hier)
Wo finde ich (hier) eine Tankstelle?

Su licencia, por favor.
sein/ihr/Ihr/euer Lizenz, für Gefallen
Ihren Führerschein bitte.

Se me reventó la llanta.
sich mir (er-/sie-)platzte die Felge
Mein Reifen hat einen Platten/ist geplatzt.

Tuve un accidente.
(ich-)hatte ein Unfall
Ich hatte einen Unfall.

Mit dem Flugzeug

las tasas de aeropuerto	Flughafensteuer
el aeropuerto	Flughafen
el avión	Flugzeug
la cinta de equipaje	Gepäckband
la puerta de embarque	Flugsteig
el número de vuelo	Flugnummer
el destino	Zielort
la salida/el lugar de partida	Abflugsort
el control de drogas	Drogenkontrolle
el control de seguridad	Sicherheitskontrolle
el equipaje de mano	Handgepäck
el vuelo nacional/internacional	nationaler/internationaler Flug
hacer escala	zwischenlanden
la/el assistente de vuelo	Flugbegleiterin/Flugbegleiter
despegar/aterrizar	starten/landen

Quiero hacer una reserva para un vuelo de La Paz a Rurrenabaque.
(ich-)möchte machen eine Reservierung für ein Flug von La Paz nach Rurrenabaque
Ich möchte gerne eine Reservierung für einen Flug von La Paz nach Rurrenabaque machen.

¿Qué fechas desea?
was Daten (er-/sie-)wünscht
Wann möchten Sie fliegen?

La ida el dos de agosto y la vuelta el siete.
die Hinweg der zwei von August und die Rückweg der sieben
Der Hinflug (soll) am zweiten August (sein), der Rückflug am siebten.

El vuelo sale a las ocho en la mañana y llega a las tres.
der Flug (er-/sie)fährt-ab zu die acht in die Morgen und (er-/sie)kommt-an zu die drei
Die Abflugzeit ist um acht Uhr morgens, die Ankunft um drei Uhr.

¿Desea pasillo o ventana?
(er-/sie)wünscht Gang oder Fenster
Möchten Sie einen Sitzplatz am Gang oder am Fenster?

¿Se puede pagar con tarjeta (de crédito)?
sich (er-/sie-)kann bezahlen mit Karte (von Kredit)
Kann man mit (Kredit-) Karte zahlen?

El vuelo está cancelado.
der Flug (er-/sie-)ist gestrichen
Der Flug wurde gestrichen.

¿Se puede chequear el equipaje hasta Frankfurt?
sich (er-/sie)kann einchecken der Gepäck bis Frankfurt
Kann man das Gepäck direkt bis Frankfurt abfertigen lassen?

Wandern & Bergsteigen

Auch für Wanderfreunde bieten sich zahlreiche Möglichkeiten vom Altiplano (Hochebene) bis ins Tiefland.

Bolivien ist ein Paradies für Bergsteiger, die hoch hinaus wollen. Innerhalb weniger Stunden erreicht man z. B. von La Paz aus die Cordillera Real mit ihren 6.000ern. Bevor man sich auf den Weg macht, sollte man sich unbedingt eine Weile in der Höhe aufhalten, um nicht an sorojche (Höhenkrankheit) zu erkranken.

Wetter

Geht man auf dem Altiplano wandern oder in die Berge, sollte man sich auf jeden Fall auf exteme Wetterverhältnisse einstellen. Manchmal wundert man sich über die dicke Kleidung der Altiplano-Bewohner, trotz Sonnenschein. Aber das Klima ist rau. Scheint die Sonne, dann brennt sie gnadenlos, ist sie nicht da, kann es unangenehm kühl werden.

el/la calor	Hitze	**la niebla**	Nebel
el frío	Kälte	**la nieve**	Schnee
bajo cero	unter Null (Grad)	**la nube**	Wolke
la época de lluvia	Regenzeit	**el sol**	Sonne
la época seca	Trockenzeit	**el viento**	Wind
la humedad	Feuchtigkeit	**el surazo**	kalter Südwind im Tiefland
húmedo/a	feucht, nass	**la tempestad**	Sturm
seco/a	trocken	**el tiempo**	Wetter
el granizo	Hagel	**la tormenta**	Gewitter
la lluvia	Regen		

está nevando	**está nublado**	**el sol quema**
(er-/sie-)ist schneiend	*(er-/sie-)ist bewölkt*	*der Sonne (er-/sie-)brennt*
es schneit	es ist bewölkt	die Sonne brennt

Landschaftsbezeichnungen

el Altiplano	Hochebene der Anden	**la sabana**	Savanne
la cordillera	Kordillere, Höhenzug	**el valle**	Tal
la Cordillera Real/ Occidental	Gebirgskette östl./ westl. des Altiplano	**el volcán**	Vulkan
la cima/la cumbre	Bergspitze Gipfel	**el bosque**	Wald
el glaciar	Gletscher	**las aguas termales**	Thermalquellen
el paso/la cumbre	Pass	**el lago**	See
la puna	halbtrock. Grasebene des Altiplano	**el salar**	Salzsee
la pared de piedra	Fels	**la laguna**	Lagune
la piedra	Stein	**el río**	Fluss
el punto panorámico	Aussichtspunkt	**la cascada**	Wasserfall
la selva	(Ur-)Wald, Dschungel	**la corriente**	Strömung

Auf dem Weg

el camino	Weg	**el puente**	Brücke
la altitud	Höhe	**el refugio**	(Schutz-)Hütte
la distancia	Entfernung	**el derrumbe**	Erdrutsch
cerca/cercano/a	nah	**seguir caminando**	weitergehen
lejos/lejano/a	weit	**seguir un camino**	einem Weg folgen
cruzar	überqueren	**el sendero, la senda**	Pfad, Fußweg
empinado/a	steil	**la subida**	Steigung
escalar	klettern, Bergsteigen	**subir**	bergauf gehen
el pueblo/ la comunidad	Dorf	**bajar**	bergab gehen
la escalera	Treppe		

Logistik & Ausrüstung

el porteador	Träger	**la vela**	Kerze
la mula	Esel	**los fósforos**	Streichholz
alquilar	mieten	**el frontal**	Stirnlampe
el largavistas	Fernglas	**la linterna**	Taschenlampe
el altímetro	Höhenmesser	**la carpa**	Zelt
el mosquetón	Karabinerhaken	**la mochila**	Rucksack
el mapa	Land-, Wanderkarte	**el sleeping**	Schlafsack
el piolet	Picke	**la colchoneta/ el aislante**	Isomatte
la cuerda/la pita	Seil	**la hebilla**	Schnalle
los crampones	Steigeisen	**las gafas**	Sonnenbrille
los bastones	Wanderstöcke	**la chamarra impermeable**	Regenjacke
el/la guía	Reiseführer/-in	**las botas de montaña**	Wanderschuhe
la guía	Reiseführer (Buch)	**los cordones**	Schnürsenkel
el encendedor	Feuerzeug	**el pasamontañas**	Sturmhaube
la cocinilla/ el hornillo	Gaskocher	**el gorro**	Wollmütze
la carga/ el cartucho de gas	Gaspatrone		

Übernachten

In den Städten finden Sie so gut wie jede Art der Unterkunft. Auf dem Land allerdings müssen Sie sich auf einfache Verhältnisse einstellen.

la cama (matrimonial)	(Doppel-/Ehe-) Bett
la sábana	Betttuch, Bettlaken
tender la cama	das Bett machen
la habitación doble	Doppelzimmer
la ducha	Dusche
la habitación simple	Einzelzimmer
la cabaña	Ferienbungalow, Hütte
el desayuno	Frühstück
la residencia	Gästehaus
la consigna	Gepäckaufbewahrung
la toalla	Handtuch
la hamaca	Hängematte
la calefacción	Heizung
el hospedaje	Herberge
el hostal	(einfaches) Hotel
el hotel	Hotel
el patio	Innenhof
el aire acondicionado	Klimaanlage
el cojín/la almohada	Kopfkissen
la heladera	Kühlschrank
el colchon	Matratze
la mosquitera	Moskitonetz
la pensión	Pension
el precio	Preis
limpiar	sauber machen

el dormitorio	Schlafzimmer
la llave	Schlüssel
el jabón	Seife
el baño	Toilette, Bad
el tacho	Tonne, Eimer
el alojamiento	Unterkunft
la frazada/manta	Wolldecke
la carpa	Zelt
el camping	Zeltplatz
el cuarto	Zimmer

Mit einem Smartphone können Sie sich die mit einem 𝄐 gekennzeichneten Sätze dieses Kapitels anhören.

¿Hay un hostal cerca de aquí?
(es-)gibt ein Hotel nahe von hier
Gibt es hier in der Nähe ein Hotel?

¿Tiene una habitación libre?
(er-/sie-)hat eine Zimmer frei
Haben Sie ein Zimmer frei?

¿Puedo verla/ver la habitación?
(ich-)kann sehen-sie/sehen die Zimmer
Kann ich mir es/das Zimmer ansehen?

Me gustaría una habitación que de al patio.
mir (ich-)gefiele eine Zimmer das (er-/sie)gebe zu-der Innenhof
Ich hätte gerne ein Zimmer, das zum Innenhof zeigt.

¿Para cuántas noches?
für wie-viel Nächte
Für wie viele Nächte?

¿Tiene una habitación triple con baño?
(er-/sie)hat eine Zimmer dreifach mit Bad
Haben Sie ein Dreierzimmer mit Bad?

¿Hay agua caliente?
(es-)gibt Wasser warm
Gibt es Warmwasser?

Por favor, votar los papeles en el tacho.
Für Gefallen, abstimmen die Papiere in der Eimer
Bitte werfen Sie das Toilettenpapier in den Mülleimer.

¿Cómo funciona ...?
wie (er-/sie-)funktioniert
Wie funktioniert ...?

¿A qué hora cierran en la noche?
zu was Stunde (sie-)schließen in die Nacht
Wann schließen Sie nachts?

¿Nos podrían guardar nuestro equipaje (durante el día)?
uns (sie-)könnten bewachen unser Gepäck (während der Tag)
Könnten Sie (tagsüber) auf unser Gepäck aufpassen?

¿Tiene una consigna?
(er-/sie-)hat eine Gepäckaufbewahrung
Haben Sie eine Gepäckaufbewahrung?

Queremos quedarnos una noche más, ¿es posible?
(wir-)möchten bleiben-uns eine Nacht mehr, (er-/sie-)ist möglich
Wir möchten gerne noch eine Nacht länger bleiben, ist das möglich?

Essen & Trinken

Man bedankt sich mit einem gracias, *Danke, bei denjenigen, mit denen man zusammen gegessen hat.*

Viele Restaurants bieten Ihnen ein günstiges Mittagsmenü, das in der Regel aus einer Suppe, einem Hauptgang, manchmal Nachtisch und einem Getränk besteht. Für uns unüblich ist, dass man sich nicht nur vor dem Essen **buen provecho,** guten Appetit, wünscht, sondern auch nach dem Essen.

Fleisch & Fisch

la carne	Fleisch	**el tocino**	Speck
la res	Rind	**el churrasco**	Steak
el chancho/cerdo	Schwein	**el filete (de ...)**	Filet
el pollo	das Huhn/ Hähnchen	**el lomo**	Lende
el pato	Ente	**la milanesa (de ...)**	Schnitzel
el conejo	Kaninchen	**la salchicha**	Wurst
el cordero	Lamm-, Hammelfleisch	**el pescado**	Fisch
la ternera	Kalbfleisch	**el pejerrey**	Fischart
el jamón	Schinken	**el surubí**	Fischart
la trucha	Forelle		

Obst, Gemüse & Co

la fruta	Frucht	**la maracuyá**	Maracuja
la piña	Ananas	**el melón**	Melone
la manzana	Apfel	**la naranja**	Orange
el plátano	Banane	**la toronja**	Pampelmuse
la pera	Birne	**la papaya**	Papaya

la frutilla	Erdbeere	**el durazno**	Pfirsich
la tuna	Frucht v. Feigenkaktus	**la ciruela**	Pflaume
la cereza	Kirsche	**el tumbo**	grüne, eierförm. Frucht
el kiwi	Kiwi	**la sandía**	Wassermelone
el limón	Limette	**la uva**	Weintraube
la mandarina	Mandarine	**la lima**	Zitrone
el mango	Mango	**la chirimoya**	Zuckerapfel

la ensalada de frutas
die Salat von Früchten
Obstsalat

el plátano postre
der Banane Nachtisch
Kochbanane

la verdura	Gemüse	**la almendra**	Paranuss
las legumbres	Hülsenfrüchte	**el palmito**	Palmenherz
la alcachofa	Artischocke	**el pimiento morrón**	Paprika
el frijol	Bohne	**el locoto**	Paprikaschote, Peperoni
la haba	dicke Bohne	**la soja**	Soja
la arveja	Erbse	**la espinaca**	Spinat
la papa	Kartoffel	**la vainita**	Stangenbohne
el ajo	Knoblauch	**el camote**	Süßkartoffel
la lechuga	Kopfsalat	**la papalisa**	kartoffelähnl. Knolle (auch: **melloco/ ulluco**)
la ensalada suiza	Feldsalat	**la yuca**	Yucca (auch: Maniok oder Cassava)
el zapallo	Kürbis	**la oca**	Knollen-Sauerklee
la acelga	Mangold	**la cebolla**	Zwiebel
la zanahoria	Möhre		

los cereales	Getreide
el amaranto	Amarant, Getreidesorte aus den Anden

el cañawa (kañihua)	Canawa, Getreidesorte aus den Anden
la cebada	Gerste
la avena	Hafer
el choclo/maiz	Mais
el pito	Mehl aus gerösteten Körnern
la quinua	Quinua (auch: Reisspinat), Getreidesorte aus den Anden
el arroz	Reis
el trigo	Weizen

el pan	Brot	**la mermelada**	Marmelade
la mantequilla	Butter	**la harina**	Mehl
el huevo	Ei	**la leche**	Milch
la miel	Honig	**el aceite (de oliva)**	(Oliven-) Öl
el yogurt	Joghurt	**la crema**	Sahne
el queso	Käse	**los fideos**	Teigwaren, Nudeln

Speisekarte & Mahlzeiten

la comida	Essen	**la bebida**	Getränk
el desayuno	Frühstück	**la entrada**	Vorspeise
el almuerzo	Mittagessen	**el segundo**	Hauptgericht
la cena	Abendessen	**el postre**	Nachtisch
el plato	Gericht	**la sopa**	Suppe
la salsa	Soße		

asado/a, a la parilla	gegrillt	**picado/a**	gehackt
a la plancha	auf heißer Metall-platte gebraten	**picante**	scharf
caliente	warm	**poco/medio/ bien hecho**	leicht, mittel, gut durch (Fleisch)
frío/a	kalt	**rebozado/a**	paniert
cocinado/a	gekocht		

Typische Gerichte

Das, was die deutsche Küche mit der bolivianischen verbindet, ist die Kartoffel. Die Vielfalt an Kartoffelsorten in Bolivien übertrifft allerdings bei weitem die der deutschen Küche. Nicht umsonst geht man davon aus, dass die Kartoffel ihren Ursprung am Titikakasee hat, also zu Teilen auch in dem heutigen Bolivien.

anticucho	marinierter gegrillter Rinderherzspieß
arroz con queso	Reis mit Käse
chairo	Gemüse-Fleisch-Suppe mit **chuño**
charque	gesalzenes, luft-getrocknetes Fleisch
charquekan	gebratenes **charque**, Pellkartoffeln, Mais, gekochtes Ei, gebratener Käse, **llajhua**
chicharrón (de cerdo)	in Schmalz frittiertes (Schweine-) Fleisch
chuño	gefriergetrocknete Kartoffel, schwarz
cuñapé	Yucca-Käse Brötchen
empanada (de queso/sonso)	Teigtasche (gefüllt mit Käse/Yucca)
fricasé	Schweinefleisch-Suppe (Katerfrühstück)
fritanga	pikantes Schweinefleisch
huatia	im Erdofen gegarte Speisen
humintas	Maisbrot mit Käse (aus dem Ofen oder Topf)
kala purka	Suppenspezialität mit einem Stein
llajhua	scharfe rote Soße
lawa	Mehlsuppe (verschiedene Sorten)
locro	Suppenspezialität aus dem Tiefland
mote	gekochte Maiskörner (auch allg. Bezeichnung für gekochte Körner)
pacumutu	gegrillter Fleischspieß, mit Huhn oder Rind, Zwiebeln und Paprika

papa rellena	gefüllte Kartoffelbrei-Kugeln
el pastel	frittiertes, luftballonartiges, mit Puderzucker bestäubtes Gebäck, mit Käse gefüllt
papas a la huancayna	Kartoffeln, gekochtes Ei, Salat, Erdnusssoße, Tomate, Peperoni
pique (a lo) macho	geschnetzeltes Rindfleisch und Bockwürstchen, Zwiebeln, Peperoni, Tomaten, Pommes
plato cruceño	frittierte Kochbanane, Reis, Spiegeleier, Salat und Gemüse
plato paceño	gekochter Maiskolben, Saubohnen, Pellkartoffeln, gebratener Käse, **llajhua**
ranga ranga	gedünsteter Rinder-Blättermagen
rostro asado	gebackener Schafskopf
saice	eine Art feines Gulasch
sajta de pollo	pikantes Hühnergericht
salchi papa	gebratene Bockwurst mit Pommes
salteña	Teigtasche gefüllt mit Fleisch und/oder Gemüse
silpancho	dünnes paniertes Rinderschnitzel mit Spiegelei, dazu meist Reis, Pommes und Kochbanane
sopa de maní	Erdnusssuppe
tunta	getrocknete Kartoffel, weiß
zonzo	gerösteter Yucca und Käse

Getränke

nicht-alkoholische Getränke

el agua (mineral)	(Mineral-) Wasser
el api	heißes Getränk aus gemahlenem Mais und Zucker
el café con (espuma de) leche	Kaffee mit Milch(-Schaum) *der Kaffee mit (Schaum von) Milch*
el cortado	Espresso mit Milchschaum
el jugo de ...	... - Saft (oft mit Wasser oder Milch)
el zumo de ...	... -Saft

la linaza con limón	(heiße o. kalte) Limette mit Leinsamen
el mate de coca/ manzanilla/anís	Koka-/Kamillen-/Anistee
el mocachinchi	Saft aus getrocknetem Pfirsich
el refresco	Erfrischungsgetränk (Cola, Limonade, etc.)
el té	Tee (Schwarztee)
el trimate	Tee aus Coca, Anis und Kamille

Da es verschiedene Flaschengrößen gibt, sollte man bei der Bestellung nach der Größe fragen.

¿Qué tamaño tiene la botella?
was Größe (er-/sie-)hat die Flasche
Welche Größe hat die Flasche?

Una cerveza personal, por favor.
eine Bier persönlich, für Gefallen
Ein kleines Bier bitte.

Una botella pequeña, por favor.
eine Flasche kleine, für Gefallen
Eine kleine Flasche bitte.

Möchte man eine kleine Flaschengröße, sollte man das Wort personal *(persönlich) hinzufügen.*

alkoholische Getränke

la cerveza	Bier	*auch:* chela
la chicha	alkoholisches Getränk aus Mais	
la choleada	Bier mit Cola	
el chuflay	Singani mit Sprite, Limettensaft oder Ginger Ale	*Nationalcocktail*
el cóctel	Cocktail	

la tutuma: *Trinkgefäß; ursprünglich die Hälfte eines getrockeneten Kürbises*

el trago: *Gemeint ist jede Form von hochprozentigem Alkohol*

el guarapo	alkoholisches Getränk aus Trauben
la guarapiña	alkoholisches Getränk auf Maisbasis
el singani	bolivianischer klarer Weinbrand
el Té con T	Heißer Tee mit Schnaps
el trago	wörtl.: *ein Schluck*
el vino tinto	Rotwein
el vino blanco	Weißwein

Bestellen & bezahlen

Mit einem Smartphone können Sie sich die mit einem 👂 gekennzeichneten Sätze dieses Kapitels anhören.

Die Bedienung erwartet normalerweise kein Trinkgeld, aber wenn der Service gut war, können Sie ruhig etwas dalassen.

👂 **Una botella de agua, por favor.**
eine Flasche von Wasser, für Gefallen
Eine Flasche Wasser bitte.

👂 **¿Qué jugos frescos hay?**
was Säfte frische (es-)gibt
Welche frischen Säfte gibt es?

👂 **La carta, ¡por favor!**
die Karte, für Gefallen
Die (Speise-) Karte bitte!

👂 **Una porción de ..., por favor.**
eine Portion von ..., für Gefallen
Eine Portion ... bitte.

Para mí ...
für mich
Für mich ...

Tomo ...
(ich-)nehme
Ich nehme ...

¿Nos puede traer ...?
uns (er-/sie-)kann bringen
Können Sie uns ... bringen?

La cuenta, por favor.
die Rechnung, für Gefallen
Die Rechnung bitte.

Creo que hay un error.
(ich)glaube dass (es-)gibt ein Fehler
Ich glaube, dass es einen Fehler gibt.

¡Está bien!
(er-/sie-)ist gut
Stimmt so! (Trinkgeld)

la propina	Trinkgeld
el cambio	Wechselgeld

¿Qué mates hay?
was Tee (es-)gibt
Welche Teesorten gibt es?

Wenn Sie im Hochland einen mate, *Tee, bestellen, kann es sein, dass man Ihnen automatisch einen* mate de coca, *Kokatee, bringt. Möchten Sie einen anderen, so sollten Sie das bei der Bestellung explizit sagen, bzw. fragen, welche Teesorten es gibt.*

Kaufen & Handeln

Ein Großteil des Handels findet in Bolivien auf den zahlreichen Märkten statt und nicht wie in Europa in Geschäften. Dies gilt für Obst und Gemüse bis hin zu Elektrogeräten und Kosmetikartikeln. Um etwas einzukaufen, muss man ein wenig Geduld mitbringen, denn nicht immer findet man sofort, was man sucht.

Auf dem Markt und bei Geschenkartikeln sind die Preise oftmals nicht festgelegt und richten sich in der Regel auch nach dem Geldbeutel der Kunden. Dies ist durchaus legitim, denn die Einkommensunterschiede in Bolivien sind sehr groß. Von daher muss man auch als Tourist damit rechnen, ein wenig mehr zu zahlen, aber mit etwas Geschick kann man den Preis herunterhandeln.

Auf dem Markt

¿No va a llevar?
nicht (er-/sie-)geht zu mitnehmen
Wollen Sie nicht etwas kaufen?

¿Qué va a llevar?
was (er-/sie-)geht zu mitnehmen
Was wollen Sie kaufen?

¿Qué está buscando?
was (er-/sie-)ist suchend
Was suchen Sie?

Busco plátanos.
(ich-)suche Bananen
Ich suche Bananen.

Me da cinco mangos, ¿por favor?
mir (er-/sie-)gibt fünf Mangos, für Gefallen
Geben Sie mir bitte fünf Mangos?

¿Algo más quiere?
etwas mehr (er-/sie-)möchte
Darf es noch etwas sein?

Si, quisiera un kilo de manzanas más.
ja, (ich-)wollte ein Kilo von Äpfeln mehr
Ja, ich hätte gerne noch ein Kilo Äpfel.

Si, quisiera una libra de manzanas más.
ja, (ich-)wollte eine Pfund von Äpfeln mehr
Ja, ich hätte gerne noch ein Pfund Äpfel.

Das „Pfund" ist nicht mehr sehr gebräuchlich, auch in Bolivien sagt man meist kilo.

¿Cuánto cuesta casera?
wie-viel (er-/sie-)kostet Standbesitzerin
Wie viel kostet es?

Tres por cinco.
drei für fünf
Drei kosten fünf Bolivianos.

Me va a hacer precio, ¿no?
mir (er-/sie-)geht zu machen Preis, nicht
Machen Sie mir einen guten Preis.

¿Cuánto es todo?
wie-viel (er-/sie-)ist alles
Wie viel kostet alles zusammen?

Es muy caro, ¿no?
(er-/sie-)ist sehr teuer, nicht
Das ist aber teuer!

la casera	Standbesitzerin/Marktfrau
la llapa	Zugabe, Geschenk
llapar	etwas hinzu/mehr geben
pesos	Pesos (alte Währung)
la bolsa	(Plastik-)Tüte
trucho/a (F)	falsch, Kopie

auch: caserita
la llapa: *oft nachdem man bezahlt hat*
(Bolivianos)

Am Kiosk

	el caramelo	Bonbon
	el chicle	Kaugummi
	el chocolate	Schokolade
der süß von Milch	**el dulce de leche**	karamellartige Creme
	las galletas	Kekse
	el helado	Eis
	el maní	Erdnüsse
	la phasankalla	Popkorn
die Kartoffeln frittiert	**las papas fritas**	Chips (auch: Pommes)
	el encendedor	Feuerzeug
	los fósforos	Streichhölzer
	la cajetilla	Packung Zigaretten
	el cigarillo/pucho (F)	Zigarette

Drogerieartikel

	el cepillo	Bürste
	la crema	Creme
die Handtuch weiblich	**la toalla femenina**	Damenbinde
	el tampón	Tampon
	la lima	Feile
	la liga	Haargummi
	el peine	Kamm
	la aguja	Nadel
	el hilo	Nähgarn
	el champú	Shampoo
entspricht „Tempo" auf Deutsch	**el kleenex**	Papiertaschentuch
	la hoja de afeitar	Rasierklinge
	la espuma de afeitar	Rasierschaum
	las tijeras	Schere
	el jabón	Seife

el gancho	Sicherheitsnadel
el pañuelo	Taschentuch
el papel higiénico	Toilettenpapier
el detergente	Waschmittel
el cepillo de dientes	Zahnbürste
la pasta de dientes/ Kolynos	Zahnpasta/Kolynos (= Markenname)

der Papier hygienisch

Kleidung

la ropa = *Kleidung*

Necesito la talla 38.
(ich-)brauche die Größe 38
Ich brauche Größe 38.

¿Me lo/la puedo probar?
mich ihn/sie (ich-)kann probieren
Kann ich das anprobieren?

No me queda.
nicht mir (er-/sie-)bleibt
Das passt mir nicht.

el terno	Anzug
el pantalón	Hose
la blusa	Bluse
la chompa	Pullover
la camisa	(Herren-) Hemd
el saco	Jackett
la chamarra	Jacke
el vestido	Kleid
la gorra	Kappe, Schirmmütze
el sombrero	Hut
el guante	Handschuh

el gorro =*Wollmütze*

la falda	Rock
la pollera	Rock der **cholitas**
la chalina	Schal
el calcetín	Socke
la media	Strumpf, Socke
el panty	Strumpfhose
la polera	T-Shirt
el sostén/sujetador	BH
el calzón	Damenunterhose
el calzoncillo	Herrenunterhose
la camiseta	Unterhemd
los tenis	Sportschuhe

Geschäftsbezeichnungen

la farmacia	Apotheke
la panadería	Bäckerei
la librería	Buchladen
la ferretería	Eisenwarenladen
la carnicería	Fleischerei
la peluquería	Friseurladen
el kiosko/quiosco	Kiosk
la tienda (de ropa)	(Kleidungs-) Geschäft
la pastelería	Konditorei
la papelería	Schreibwarenladen
el supermercado	Supermarkt
el puesto	Verkaufsstand

Mitbringsel

la pulsera	Armband
el charango	bolivianische Gitarre
la piedra preciosa	Edelstein

envolver	einpacken (Geschenk)
el anillo	Fingerring
de punto	gestrickt
tejido/a	gewebt
hecho/a a mano	handgefertigt
la madera	Holz
la cadena	Kette
el lluchu	Mütze mit Ohrenklappen
el pendiente/arete	Ohrring
la zampoña	Panflöte
la quena	bolivianische Flöte
las joyas	Schmuck
la escultura	Skulptur
la piedra	Stein
sintético/a	synthetisch
la tarka	viereckige Holzflöte
el mantel	Tischdecke
el awayo	buntes Tragetuch
la lana de oveja/ alpaca/llama/vicuña	Schafs-/Alpaca-/ Lama-/Vicuñawolle

¡Cómprame!
(du-)kaufe-mir
Kauf' mir was ab!

No gracias amigo/amiga, ya lo tengo.
nein danke Freund/Freundin, schon ihn (ich-)habe
Nein danke, hab' ich schon.

¿Me lo puede empacar?
mir ihn (er-/sie-)kann einpacken
Können Sie mir das einpacken?

Krank sein

Ein etwas unerfreuliches Kapitel ... doch damit Sie für den Fall der Fälle gewappnet sind, hier die wichtigsten Vokabeln und Redewendungen.

Der Körper

el brazo	Arm	**la cabeza**	Kopf
el ojo	Auge	**el hígado**	Leber
la panza/barriga	Bauch	**el labio**	Lippe
la pierna	Bein	**el pulmón**	Lunge
el apéndice	Blinddarm	**el estómago**	Magen
la sangre	Blut	**la boca**	Mund
el pecho	Brust	**el músculo**	Muskel
los intestinos	Darm	**la nariz**	Nase
el dedo	Finger	**el nervio**	Nerv
el pie	Fuß	**el riñón**	Niere
la vesícula biliar	Gallenblase	**la oreja**	Ohr
el trasero	Gesäß	**el pene**	Penis
la cara/el rostro	Gesicht	**la cola** (F)	Popo
el cuello	Hals	**la garganta**	Rachen
la mano	Hand	**la costilla**	Rippe
la vejiga	Harnblase	**la frente**	Stirn
la piel	Haut	**la vagina**	Vagina
la corazón	Herz	**la columna vertebral**	Wirbelsäule
la rodilla	Knie	**el diente**	Zahn
la rótula	Kniescheibe	**el dedo del pie**	Zeh
el hueso	Knochen	**la lengua**	Zunge

Beim Arzt oder im Krankenhaus

Rechnung werden beim Arzt und im Krankenhaus sofort bezahlt.

¡Por favor, llame a un médico!
für Gefallen, (Sie-)rufen zu ein Arzt
Rufen Sie bitte einen Arzt!

Me duele ....
mir (er-/sie)tut-weh
Mir tut ... weh.

Tengo ...
(ich-)habe
Ich habe ...

Usted tiene ...
Sie (er-/sie-)hat ...
Sie haben ...

¿Está usted vacunado/a contra el tétanos?
(er-/sie)ist Sie geimpft(m/w) gegen der Tetanus
Sind Sie gegen Tetanus geimpft?

Hace cuatro días que tengo diarrea/fiebre.
seit vier Tage dass (ich-)habe Durchfall/Fieber
Ich habe seit vier Tagen Durchfall/Fieber.

He vomitado varias veces.
(ich-)habe übergeben mehrere Male
Ich habe mich mehrmals übergeben müssen.

Me mordió un perro en la pantorrilla.
mich (er-/sie)biss ein Hund in die Wade
Mich hat ein Hund in die Wade gebissen.

Soy alérgico/a a los antibióticos.
(ich-)bin allergisch(m/w) gegen die Antibiotika
Ich bin gegen Antibiotikum allergisch.

Estoy embarazada.
(ich-)bin schwanger
Ich bin schwanger.

Tomo medicamentos.
(ich-)nehme Medikamente
Ich nehme Medikamente.

¡Inspire y expire, por favor!
(Sie-)atmen-ein und (Sie-)hauchen-aus, für Gefallen
Atmen Sie bitte ein und aus!

Necesito un recibo y el diagnóstico para mi seguro.
(ich-)brauche ein Quittung und ein Diagnose für meine Versicherung
Ich brauche eine Quittung und ein Attest für meine Versicherung.

auch: doctor/a

el/la médico/a	Arzt
el tratamiento	Behandlung
el hospital/la clínica	Krankenhaus
la ambulancia	Krankenwagen
el consultorio	Praxis
la radiografía	Röntgenaufnahme
el oxígeno	Sauerstoff
la consulta	Sprechstunde
la inyección	Spritze
la infusión	Infusion

el/la dentista	Zahnarzt
la vacuna	Impfung
la tarjeta de vacunación	Impfpass

Krankheitsbezeichnungen

el dolor de cabeza/estómago/oido etc.
der Schmerz von Kopf/Magen/Gehör etc.
Kopf-/Magen-/Ohrenschmerzen etc.

estar enfermo/a	krank sein	**la picadura de insecto**	Insektenstich
la alergia (a)	Allergie (gegen)	**la fractura**	Knochenbruch
las amebas	Amöben	**la malaria**	Malaria
el asma	Asthma	**los parásitos**	Parasiten
la erupción	Ausschlag	**los hongos**	Pilze
el cólera	Cholera	**la salmonelosis**	Salmonellen (-infektion)
la diarrea	Durchfall	**el dolor**	Schmerzen
tener el estómago suelto	Durchfall haben	**la picada de culebra**	Schlangenbiss
la inflamación	Entzündung	**el vértigo/mareo**	Schwindel
los vómitos	Erbrechen	**transpirar**	schwitzen
vomitar	sich übergeben	**la quemadura del sol**	Sonnenbrand
el resfriado	Erkältung	**el tétanos**	Tetanus
la fiebre	Fieber	**la rabia**	Tollwut
resfriarse	sich erkalten	**el tifus**	Typhus
la fiebre amarilla	Gelbfieber	**la náusea**	Übelkeit
la hepatitis	Hepatitis	**el estreñimento**	Verstopfung
el sorojche	Höhenkrankheit	**la herida**	Wunde
la tos	Husten	**el dolor de muelas**	Zahnschmerzen
toser	husten	**el/la diabético/a**	zuckerkrank
la infección	Infektion		

la farmacia
= *Apotheke*

Apotheke

el laxante	Abführmittel
el antibiótico	Antibiotikum
la aspirina	Aspirin
los lentes	Brille
el repelente	Insektenschutzmittel
masticar	kauen
el condón	Kondom
los lentes de contacto/ las lentillas	Kontaktlinsen
el líquido para lentes de contacto	Kontaktlinsen-flüssigkeit
chupar	lutschen
el medicamento	Medikament
uso externo	nur äußerl. anwenden
el paracetamol	Paracetamol
la curita	Pflaster
la receta	Rezept
el ungüento	Salbe
el bloqueador solar/ la crema de sol	Sonnencreme
la pastilla	Tablette
las sorochipils	Tabletten gegen Höhenkrankheit
la gota	Tropfen
el vendaje	Verband
por vía oral	zum Einnehmen

Necesito algo contra la diarrea.
(ich-)brauche etwas gegen die Durchfall
Ich brauche etwas gegen Durchfall.

Telefonieren, Post & Internet

In den größeren Städten kann man fast von jeder Straßenecke aus telefonieren, sei es aus einem der Telefonläden oder an einem der Kioske. Auch Internetcafes sind inzwischen weit verbreitet, auch in kleineren Orten.

Telefonieren

el teléfono	Telefon
la guía telefónica	Telefonbuch
marcar	wählen
ocupado	besetzt
la llamada	Anruf
el código nacional/ de área	Landes-/ Gebietsvorwahl

¿Dónde puedo hacer una llamada, por favor?
wo (ich-)kann machen eine Ruf, für Gefallen
Wo kann ich bitte telefonieren?

¿Cuál es el código nacional de ...?
welche (er-/sie-)ist der Kode national von
Wie ist die Landesvorwahl von ...?

¿Puedo hablar con ...?
(ich-)kann sprechen mit
Kann ich mit ... sprechen?

Soy ...
(ich-)bin
Hier spricht ...

¿Con quién hablo, por favor?
mit wem (ich-)spreche, für Gefallen
Mit wem spreche ich, bitte?

Anders als bei uns ist es in Bolivien nicht üblich, dass die Person, die anruft, sich mit ihrem Namen meldet. Dies mag unhöflich erscheinen, ist aber nicht so gemeint.

Voy a llamar más tarde.
(ich-)gehe zu anrufen mehr spät
Ich rufe später nochmal an.

¿Puede dejarle un mensaje?
(er-/sie)kann lassen-ihm/ihr ein Nachricht
Können Sie ihm/ihr eine Nachricht hinterlassen?

Post

el/la remitente	Absender
la carta	Brief
el timbre/la estampilla	Briefmarke
la carta certificada	Einschreiben
el/la destinatario/a	Empfänger
el correo aéreo	Luftpost
el paquete	Paket
el franqueo/porte	Porto
la oficina de correos	Postamt
la (tarjeta) postal	Postkarte
hacer fila	Schlange stehen
enviar/mandar	senden

wörtl.: machen Reihe

¿Cuánto cuesta una postal a Alemania?
wie-viel (er-/sie-)kostet eine Postkarte zu Deutschland
Wie teuer ist eine Postkarte nach Deutschland?

Deme sellos para seis postales a Europa, por favor.
(Sie-)geben-mir Briefmarken für sechs Postkarten zu Europa, für Gefallen
Geben Sie mir bitte Briefmarken für sechs Postkarten nach Europa.

La Paz

Internet

la máquina/computadora	Computer
imprimir	ausdrucken
la página	die Seite
el correo electrónico	e-mail
el error	Fehler
la página web	Webseite
el (puerto) USB	USB-Anschluss
el teclado	Tastatur
la pantalla	Bildschirm

¿Hay una máquina libre?
(es-)gibt eine Maschine frei
Gibt es einen freien Computer?

Quisiera imprimir algo.
(ich-)wollte drucken etwas
Ich würde gerne etwas ausdrucken.

¿Se puede llamar por internet acá?
man (er-/sie-)kann rufen durch Internet hier
Kann man hier übers Internet telefonieren?

Auf der Bank

Fremde Währungen werden nicht unbedingt akzeptiert.

In Bolivien können Sie nur in den größeren Städten und nur an einigen Orten mit der Kreditkarte bezahlen. Auch wenn Sie auf's Land fahren, sollten Sie daran denken, genügend Bargeld in Bolivianos mitzunehmen, denn es gibt nicht überall Bankautomaten.

auch: la clave de acceso

auch: las monedas

retirar	abheben
fuera de servicio	außer Betrieb
el banco	Bank
el cajero automático	Bankautomat
en efectivo	bar
el billete	Banknote
confirmar	bestätigen
la tarjeta de débito	EC-Karte
cobrar un cheque	einen Scheck einlösen
ingresar	eingeben, einzahlen
el código secreto	Geheimzahl
el dinero	Geld
la cuenta corriente	Girokonto
la caja	Kasse
el sencillo/suelto	Kleingeld
la tarjeta de crédito	Kreditkarte
el cheque de viajero	Reiseschecks
la ventanilla	Schalter
la cuenta de ahorros	Sparbuch
la transferencia	Überweisung
la moneda	Währung, Münze
cambiar	wechseln
la casa de cambio	Wechselstube

¿Dónde puedo cambiar dinero?
wo (ich-)kann wechseln Geld
Wo kann ich Geld umtauschen?

Quiero cambiar dinero.
(ich-)will wechseln Geld
Ich möchte gerne Geld umtauschen.

Quiero cobrar este cheque.
(ich-)will einlösen dieser Scheck
Ich möchte gerne diesen Scheck einlösen.

¿A cómo está el tipo de cambio?
zu wie (er-/sie-)ist der Kurs von Wechsel
Wie ist der Wechselkurs?

¿Dónde está el próximo cajero automático?
wo (er-/sie-)ist der nächste Kassierer automatisch
Wo ist der nächste Bankautomat?

La máquina no tiene dinero.
die Maschine nicht (er-/sie-)hat Geld
Der Automat hat kein Geld.

Yo quería sacar mil Bolivianos y la máquina sólo me ha dado 700.
ich (ich-)wollte herausholen tausend Bolivianos und die Machine nur mir (er-/sie-)hat gegeben 700
Ich wollte tausend Bolivianos abheben, habe aber nur 700 bekommen.

Polizei, Ämter & Behörden

An der Grenze sollten Sie nicht vergessen, sich die Ein- und Ausreisestempel geben zu lassen, bzw. darauf zu achten, dass Sie die benötigte Visumsdauer direkt bekommen.

el atraco/asalto	Überfall
la denuncia	Anzeige
los documentos	Dokumente
el/la ladrón/ladrona	Dieb/Diebin
el monedero	Geldbeutel
la multa	Strafe
el seguro	Versicherung
el arma	Waffe
la corrupción	Korruption
la aduana	Zoll
la frontera	Grenze
el/la abogado/a	Anwalt
la embajada	Botschaft
el consulado	Konsulat
la policía (PTJ)	Polizei
la oficina	Büro
la violación	Vergewaltigung

Me han robado.
mich (sie-)haben bestohlen
Ich bin bestohlen worden.

Me han asaltado.
mich (sie-)haben überfallen
Ich bin überfallen worden.

Quiero hacer una denuncia.
(ich-)will machen eine Anzeige
Ich möchte eine Anzeige machen.

¡No es culpa mía!
nicht (er-/sie-)ist Schuld meine
Das ist nicht meine Schuld!

Formulare ausfüllen

el apellido	Nachname	**la inmigración**	Einreise
la fecha de nacimiento	Geburtsdatum	**la licencia de conducir**	Führerschein
el carnet (de identidad/ estudiante)	(Personal-/ Studenten) Ausweis	**el motivo del viaje**	Anlass der Reise
el certificado	Bescheinigung	**la nacionalidad**	Staatsangehörigkeit
el control	Kontrolle	**el nombre**	Vorname
la declaración	(Zoll-) Erklärung	**el número de pasaporte**	Reisepassnummer
la dirección	Adresse	**el país**	Land
la edad	Alter	**el pasaporte**	Reisepass
la emigración	Ausreise	**la profesión**	Beruf
el estado civil	Familienstand	**la prórroga**	Verlängerung
el estado	Bundesland	**la religión**	Religion
la autorización	Genehmigung	**el/la residente**	der/die Ortsansässige
la firma	Unterschrift	**el sello**	Stempel
el formulario	Formular	**la visa/el visado**	Visum
hacer los trámites	den Amtsweg nehmen, beantragen		
solicitar	beantragen		

Necesito una visa para seis semanas.
(ich-)brauche eine Visum für sechs Wochen
Ich brauche ein Visum für sechs Wochen.

Fotografieren

Bolivien ist eine Augenweide für jeden Fotografen. Es lockt mit Farbspielen, atemberaubenden Landschaften und vielfältigen Kulturen. Wenn Sie Personen fotografieren möchten, fragen Sie lieber, ob diese damit einverstanden sind.

auch: sacar/hacer un foto

la copia	Abzug
la batería/pila	Batterie
llevar a (hacer) revelar	entwickeln lassen
el rollo de color	Farbfilm
el rollo de diapositiva	Diafilm
tomar un foto	fotografieren
la foto	Foto
la cámara	Fotoapparat
blanco y negro	schwarz-weiß

Disculpe, ¿podría sacarnos una foto?
(Sie-)entschuldigen, (er-/sie-)könnte herausholen-uns eine Foto
Entschuldigung, könnten Sie bitte ein Foto von uns machen?

¿Podría tomar una foto de usted/de ...?
(ich-)könnte nehmen eine Foto von Sie/von ...
Dürfte ich ein Foto von Ihnen/von ... machen?

Quiero llevar a revelar/hacer revelar este rollo.
(ich-)will bringen zu entwickeln/machen entwickeln diese Rolle
Ich möchte gerne diesen Film entwickeln lassen.

Además quiero un CD con las fotos en digital.
zusätzlich (ich-)will ein CD mit die Fotos in digital
Zusätzlich hätte ich gerne eine CD mit digitalen Fotos.

¿Dónde puedo quemar un CD con las fotos de mi cámara digital?
wo (ich-)kann brennen ein CD mit die Fotos von meine Kamera digital
Wo kann ich Fotos von meiner Digitalkamera auf CD brennen lassen?

Religion & Rituale

Viele Bolivianer sind sehr gläubig und zeigen dies offen. So kann man auf der Straße z. B. beobachten, wie sie sich bekreuzigen, wenn sie an einer Kirche oder Marienstatue vorbei gehen. Ein Großteil der Bolivianer ist katholisch und von der kleinen prunkvollen Kirche im Mestizenbarock auf dem Altiplano bis hin zu den Jesuitenmissionen in der Chiquitanía gibt es zahlreiche Zeugnisse der spanischen Mission.

Der alte Glaube existiert aber oftmals parallel weiter. Dies kann man z. B. im Wallfahrtsort Copacabana beobachten, wo viele Bolivianer ihr neues Auto weihen lassen, zuerst von dem katholischen Priester, dann vom yatiri, dem Schamanen der Aymara.

Die Aymara haben übrigens ein eigenes Kalendersystem, in dem jedes Jahr am 21.Juni das neue Jahr beginnt.

Religion & Rituale

el achachila	wörtl. *Großvater*; Beschützer, Wächter
el acullicu	das Kauen von Kokablättern
la llipta	Asche-Kalk-Mischung zum Kauen von Coca-Blättern
el amauta	Ratgeber, Weiser (Aymara: **ama uta**, Haus des Wissens)
el yatiri	Weiser, Priester, Heiler und Ratgeber in den Anden
la ceremonia	Zeremonie
el preste	Ausrichter eines Festes zu Ehren eines Heiligen
la ch'alla	ein Ritus, bzw. ein Dank für die Mutter Erde
ch'allar	bezeichnet, dass man einen kleinen Schluck Alkohol auf den Boden für die Mutter Erde gießt
la pachamama	die Mutter Erde
el tío	Schutzpatron der Minenarbeiter
el equinoccio (de marzo/septiembre)	Tagundnachtgleiche (Äquinoktium, zwischen 20. und 23. März, bzw. September)
el solsticio (de junio/diciembre)	Sonnenwende (zwischen 20. und 23. Juni, bzw. Dezember)
la apacheta	heiliger Ort, an dem Reisende nach indigener Tradition ein Opfer bringen, meist an Pässen oder höher gelegenen Plätzen
el ayllu	traditionelle andine gesellschaftliche Organisationsform, Gemeinschaft
el ayni	bezeichnet den Austausch gleicher Arbeit
la mita	bezeichnet den Dienst zu Gunsten der Allgemeinheit

la communidad	Gemeinde
el convento	Kloster
el cuadro	Bild, Gemälde
la iglesia	Kirche
lugar de peregrinación	Wallfahrtsort
las misiones Jesuiticas	Jesuitenmissionen
el padre/el cura	der Priester
la monja, el monje	die Nonne, der Mönch
orar	beten

Feste, Nachtleben & Drogen

Zum Nachtleben und anderen Festen gehören in Bolivien auf jeden Fall die Volkstänze. Zu den beliebtesten Tänzen gehören z. B. cueca, morenada, chacarera, diablada, tincu oder caporales. Möchte man sie nicht selber ausprobieren, so kann man sie beim Straßenkarneval in Oruro bewundern, der zum Weltkulturerbe gehört. In den größeren Städten findet man jedoch so gut wie alles zwischen Tradition und Moderne.

Zu jedem guten Fest gehört in der Regel viel Alkohol.

la farra (F)	Besäufnis
emborracharse/ marearse (F), **chupar** (F)	sich betrinken, besaufen
borracho/a, ebrio/a, duro/a (F)	betrunken sein
la entrada	Eintritt, folkl. Umzug
el baile folclórico	Volkstanz
estar chocho/a	glücklich sein
estar de chaqui (F)	einen Kater haben
la peña	Kneipe
el boliche	Kneipe
sano/a	nüchtern
¡salud!	Prost!
el misil	wörtl. *Rakete*
fumar	rauchen
farrear (F)	saufen
mareado/a	schlecht, schwindelig
alistarse	sich fertig/zurecht machen

la peña: *in der Regel mit traditioneller Live-Musik*

el misil: *kleine Flasche mit hochprozentigem Alkohol (96%!)*

la barra	Theke, Bar
el cigarrillo	Zigarette
el pucho (F)	Zigarette, Joint
el cenicero	Aschenbecher

Karneval in La Paz

Foto: Saiko3p / Dreamstime.com

¿Quieres tomar algo?
(du-)willst nehmen etwas
Möchtest du etwas trinken?

¿Estás duro/a?
(du-)bist hart(m/w)
Bist du betrunken?

¿Cuánto es la entrada?
wie-viel (er-/sie-)ist die Eintritt
Was kostet der Eintritt?

¡contigo! *Trinkspruch; bedeutet, dass man die angesprochene Person einlädt, als nächstes zu trinken (auch:* ¡Te invito!*)*

¿Bailamos?
(wir-)tanzen
Sollen wir tanzen?/ Tanzen wir?

Te invito.
dich (ich-)lade-ein
Ich lade dich ein.

¡contigo!
mit-dir

Estoy mareado/a.
(ich)bin schwindelig(m/w)
Mir ist schwindelig/schlecht.

Liebe & Schmeicheleien

Ob auf dem Markt, auf der Straße oder der Privatparty, Schmeicheleien und Komplimente werden immer gerne verteilt. Allein reisende Frauen werden in der Regel mit viel Respekt behandelt.

Unüblich ist es allerdings, allein auszugehen oder zu tanzen.

amar	lieben
mi reina	meine Königin
querer	mögen
lindo/a	Schöner/Schöne
buena onda (F)	super, geil
Estoy camote de ...(F)	Ich bin in ... verknallt.
Es chico/chica de ...	Das ist der (feste) Freund/ die (feste) Freundin von ...
Me gustas.	Du gefällst mir.
Te amo.	Ich liebe dich.
Te quiero.	Ich mag dich.
¡Qué agradable!	Wie angenehm!
¡Qué amoroso/a!	Wie lieb!
¡Qué lindo/a!	Wie schön!
¡Qué tierno/a!	Wie süß!

mi reina *sagt man auch zu Kundinnen auf dem Markt!*

auch: gut drauf sein

Wie schön! auch: ¡Qué hermoso/a! ¡Qué bello/a!

Él es buena onda.
er (er-/sie-)ist gute Welle
Er ist gut drauf/ein super Typ.

Ella me mueve el piso.
sie mir (er-/sie-)bewegt der Boden
Sie macht mich schwach/macht mir eine Gänsehaut.

Floskeln, Ausrufe & Schimpfwörter

Der Wortschatz an Floskeln und Ausrufen ist groß und es kommen täglich neue hinzu. Halten Sie sich zurück bei Schimpfwörtern, denn Höflichkeit wird groß geschrieben.

	¡huácala!	Wie ekelig!
	¡Qué interesante!	Wie interessant!
auch: Wie ärgerlich!	**¡Qué macana!** (F)	Wie blöd!
	¡Qué vergüenza!	Wie peinlich!
	¡Qué pena/lástima!	Wie schade!
	Me da rabia.	Das macht mich wütend.
	¡Con gusto!	Gerne!
	che (F)	Mann!/He!
	¡jallalla!	viva, er/sie lebe hoch!
	¡carajo!	Karamba!
	¡Genial!	Genial!
Miércoles = *Mittwoch;*	**¡Miércoles!** (F)	Mist/Scheibenkleister!
statt „Scheiße!“	**¡Mierda!** (F)	Scheiße! *(sehr vulgär!)*
	¡Pucha! (F)	Verdammt/Mist!

di pues
(du-)sage dann
sag's doch/schon!

ya pues (kurz: **yaps**)
schon dann
ja klar, ja los!

Kurzform von por favor	**porfa**	bitte
	chinchi (chinche) (F)	Nervensäge
auch: Halbstarke(r)	**el/la chango/a** (F)	Kind

¡no seas chango!
nicht (du-)sei Junge
Sei nicht kindisch!

(el) maricón (F)	schwul (Schwuler)	
¡No molestes!	Stör nicht!	
¡Déjame en paz!	Lass mich in Ruhe!	
enojarse	sich aufregen/ärgern	
joder (F)	jemand ärgern	*auch: ficken*
tirar	ficken	
ser capo/a	talentiert sein	*etwas richtig gut können*
ser un/a porquería	dumm sein	
hacer una vaca *machen eine Kuh*	„den Hut rumgehen lassen“	*sprich „die Kosten aufteilen“*

..., ¿no vé?
..., nicht wahr?/..., meinst du nicht auch?

¡No me mames! (F)
nicht mich (du)trinke
Verarsch’ mich nicht!/ Erzähl’ mir keinen Scheiß!

Foto: Fabio Lamanna / Dreamstime.com

Auf den Spuren der Inka am Titicacasee

Literaturhinweise

Wer sich eingehender mit der spanischen Grammatik und Sprache in Bolivien beschäftigen möchte, dem empfehlen wir:

Dora Gomez de Fernandez, Nicolas Fernandez Naranjo (1996): Diccionario de Bolivianismos. Cochabamba - La Paz.

Carlos Coello Vila (2002): Bolivianismos en el Dicionario de la Real Academia Española. La Paz, Academia Boliviano de Lexicografía y otros Estudios Lingüisticos (IBLEL).

Victor Hugo Viscarra (2004): COBA. Lenguaje sectreto del hampa boliviana. La Paz.

Wolfgang Reumuth, Otto Winkelmann (1993): Praktische Grammatik der spanischen Sprache. Wilhelmsfeld.

Mehr landeskundliche Informationen finden Sie in:

Ismael Montes de Oca (2005): Enciclopedia Geográfica de Bolivia. La Paz.

Katharina Nickoleit: Bolivien kompakt. Reise Know-How Verlag, ISBN 978-3-89662-588-5.

Wörterliste Deutsch – Castellano

Foto:Piccaya / Dreamstime.com

Aymara-Frau

Die folgende Wörterliste enthält einen Grundwortschatz von je knapp 1000 Begriffen, Deutsch-Castellano und Castellano-Deutsch. Nicht alle Wörter aus den jeweiligen Kapiteln werden hier noch mal aufgeführt. Unregelmäßige Verben sind mit einem Stern gekennzeichnet.

Abkürzungen:

F	*familiär, ugs.*
m	*männlich*
w	*weiblich*
Umst.	*Umstandswort*
Art.	*Artikel*
MZ	*Mehrzahl*
EZ	*Einzahl*

A

Abend tarde (w)
Abendessen cena
aber pero
abfahren salir*, irse* (de)
abfliegen salir* en avión
abreisen salir* de viaje, partir
abschleppen remolcar*
Adresse dirección
Alkohol alcohol
allein solo/a
alles todo
als (zeitl.) cuando
als (Vergleich) como
alt (nicht jung) viejo/a
alt (nicht neu) viejo/a, antiguo/a
Alter (Lebens-) edad
Andenken recuerdo
anfangen comenzar*, empezar*
Angestellte(r) empleado/a
Angst miedo
anhalten detener*, detener(se)*
ankommen llegar
Ankunft llegada
Anspitzer tajador
Antwort respuesta
antworten responder
Apotheke farmacia
arbeiten trabajar
Arbeiter trabajador/a, obrero/a
arm pobre
Arzt médico, doctor/a
auch también
auf sobre
Aufenthalt demora, parada
aufhören terminar, acabar
aufstehen levantar(se)
aufwachen despertar(se)*
aus de, desde
Ausfuhr exportación
Ausgang salida
ausgezeichnet excelente
Auskunft información, aviso
Ausland extranjero
Ausländer extranjero/a, gringo/a
ausländisch extranjero/a
Ausreise emigración
Aussprache pronunciación
aussteigen bajarse
Ausstellung exposición
Ausweis cédula de identidad
ausziehen desvestir(se)*, quitarse la ropa
Auto auto
Autowerkstatt taller mecánico

B

Badeanzug, Badehose malla de baño
baden bañarse
Badewanne tina
Badezimmer baño
Bahnhof estación
Bahnsteig andén
bald pronto
Bank (Geld) banco
Bargeld efectivo
Batterie batería, pila
bauen construir*
Bauer campesino/a
Baum árbol
beeilen (sich) apurarse
beenden terminar, acabar
begleiten acompañar
begrüßen saludar
behandeln (Krankh.) tratar, atender*
Behörde administración pública
bei junto a, cerca de
Beispiel ejemplo
bekannt machen (sich) conocer(se)*
beleidigen ofender, insultar
benachrichtigen informar, avisar
Benzin combustible, gasolina
beraten asesorar, aconsejar
Berater asesor/a
Berg montaña
Beruf profesión, ocupación
berühmt famoso/a
beschweren (sich) quejar(se), reclamar
besichtigen visitar
Besitzer dueño/a, amo/a
besser mejor
bestellen ordenar, pedir*
Bestellung orden, pedido
bestrafen castigar
Besuch visita
besuchen visitar
betrügen estafar, engañar
betrunken borracho/a, duro/a (F)
Bett cama
Betttuch sábana
Bettwäsche ropa de cama
bevor antes
Beweis prueba, demostración
bezahlen pagar, cancelar
Bier cerveza
Bild cuadro, pintura
billig barato/a
Binde venda
bis hasta
bisschen un poco
Bitte por favor, ruego
bitten pedir*, rogar*
Blatt hoja, planilla
bleiben quedarse
Bleistift lapicero, lápiz
Blume flor (w)
Boot bote, lancha
Botschaft (dipl.) embajada
Brand incendio
Brauch costumbre (w)
brauchen necesitar
breit ancho/a, amplio/a
brennen quemar, arder
Brief carta
Briefmarke timbre
Briefumschlag sobre
Brille lentes
bringen traer*
Brot pan
Brücke puente
Bruder hermano
Brust (weibl.) pecho, seno, teta (F)
Brust(korb) pecho
Buch libro
buchen reservar
Buchstabe letra
bunt colorido/a
Bürger (Staats-) ciudadano/a
Büro oficina, despacho
Bus bus, flota

C/D

Chauffeur conductor, maestro (F)
Chef jefe, patrón
da aquí, acá
Dach techo
damit para que
danach después
danke gracias
danken agradecer*

dann entonces, luego
darum por eso
dass que
Datum fecha
dauern demorar, tardar
Decke (Bett) frazada
dein/e tu, tus
denken pensar*
Denkmal monumento
deshalb por eso, por lo tanto
deutsch alemán
Deutsche(r) alemán, alemana
Deutschland Alemania
Dialekt dialecto
dick gordo/a
Diebstahl asalto, robo
dies esto
diese(r,s) este/a
Ding cosa
Diskothek discoteca
Dokument(e) documento
Dolmetscher traductor/a, intérprete
Dorf pueblo, comunidad
dort allí, allá
dorthin hacia allá
dringend urgente
du tú
dumm tonto/a
dunkel oscuro/a
dünn delgado/a, flaco/a
durch (hindurch) a través de, por
Durchfall diarrea, estómago suelto (F)
dürfen poder*, deber
Durst (haben) (tener*) sed

E

echt puro/a
Ehefrau esposa
Ehemann esposo
Ehepaar pareja, matrimonio, esposos
Ei huevo
Eigentum propiedad
einander uno(s) a otro(s), mutuamente
Einbruch robo
einfach simple, fácil
Einfuhr importación
Eingang entrada
einige algunos/as (MZ)
einladen invitar
Einladung invitación
einmal una vez
einsteigen (z. B. Auto, Bus) entrar, subir
einverstanden sein estar* de acuerdo
Einwohner habitante
Eis (Speise-) helado
Eisenbahn tren, ferrocarril
Eiter pus (m)
Eltern padres (m, MZ)
empfangen recibir
empfehlen recomendar*
Ende fin
eng estrecho/a, angosto/a
englisch inglés
Enkel nieto/a
entscheiden decidir
entschuldigen (sich) disculpar(se)
er él
Erde tierra
Erdnüsse maní
Ereignis suceso, evento
Erfolg éxito
erhalten conservar, mantener*, recibir
erholen (sich) recuperar(se)
erinnern (sich) acordar(se)*, recordar*
erkältet sein estar* resfriado/a
erklären explicar
erlauben permitir
Erlaubnis permiso
Ermäßigung descuento, rebaja, llapa (F)
Ersatzteil repuesto
erzählen contar*, explicar
essen comer
Etage piso, planta
etwa más o menos
etwas algo
euer/e su

F

Fabrik fábrica
Faden hilo
fahren manejar
Fahrkarte boleto, pasaje

Fahrplan horario, itinerario
Fahrpreis pasaje
Fahrrad bicicleta
Fahrzeug movilidad, vehículo
falsch falso/a, equivocado/a
Familie familia
Familienname apellido
Farbe color
Farbfilm rollo de color
faul (träge) flojo/a
faul (Obst) podrido/a, descompuesto/a
Fehler error, falta
Feier fiesta, farra (F)
feiern celebrar, festejar, farrear (F)
feilschen negociar, regatear
Feld terreno, campo
Fenster ventana
Ferien vacaciones (MZ)
fern lejos
Fernsehgerät televisor
fertig listo/a
fest firme
Fest fiesta, preste (F)
feucht húmedo/a
Feuer fuego, incendio
Fieber fiebre (w)
Film película
finden encontrar*
Finger dedo
Fisch pescado, pez
Flasche botella
Fleisch carne (w)
fleißig trabajador/a, aplicado/a
fliegen volar*
flirten coquetear
Flughafen aeropuerto
Flugticket boleto, ticket
Flugzeug avión (m)
Fluss río
Folklore folklore
Formular formulario
Fotoapparat cámara (de fotos)
Fotografie foto (w), fotografía
fotografieren fotografiar, sacar/tomar una foto
Frage pregunta
fragen preguntar
Frau señora, mujer
Fräulein señorita
frei libre, desocupado/a
fremd extraño/a, desconocido/a
freuen (sich) alegrar(se)
Freund amigo/a, novio/a
freundlich amable, amoroso/a, amistoso/a
Freundschaft amistad
Frieden paz
frieren tener* frío, helarse
frisch (Obst) fresco/a
fröhlich alegre
Frucht fruta
früh temprano, pronto
Frühling primavera
Frühstück desayuno
frühstücken desayunar
fühlen (sich) sentir(se)*
Führung visita guiada
für para, por
fürchten (sich) (vor) temer, tener* miedo (de)
Fuß pie (m)

G

Gabel tenedor
ganz todo/a, entero/a
Garten jardín (m)
Gas gas
Gasse pasaje, callejón
Gast invitado/a, huésped
Gastfreundschaft hospitalidad
Gastgeber anfitrión/a
Gaststätte restaurante
Gebäck galletas
Gebäude edificio
geben dar*, entregar
Gebirge montaña, cordillera
Gebühr arancel, tasa
Geburtstag cumpleaños
gefährlich peligroso/a
gefallen gustar
Gefängnis carcel, prisión
Gefäß vaso, recipiente
Gefühl sentimento
gegen contra

Gegend región, alrededores
gegenüber enfrente de
gehen caminar, ir*, andar*
Geld plata, dinero
Gemüse verdura, legumbres (MZ)
gemütlich cómodo/a, acogedor/a
genau exacto/a, justo/a
genug suficiente, bastante
Gepäck equipaje, valija
geradeaus directo, derecho, recto
gern con mucho gusto
Geschäft (Tätigkeit) negocio
Geschäft (Laden) negocio, tienda
Geschenk regalo
Geschichte (Historie) historia
Geschichte (Erzählung) cuento
Geschwister hermanos
Gesellschaft sociedad
Gesetz ley (w)
Gespräch conversación
gestern ayer
gesund sano/a
Gesundheit salud (w)
Getränk bebida
Gewicht peso
Gewitter tormenta
gewöhnen (sich) (an) acostumbrar(se)
Gewürz condimento, especias
Gift veneno
Giftschlange culebra venenosa
Glas (Trink-) vaso, copa
Glas (Material) vidrio
glauben creer
Glück suerte (w)
glücklich feliz
Gold oro
Gott Dios
Gramm gramo
Grammatik gramática
Gras pasto
gratulieren felicitar
Grenze frontera
Grippe gripe (w)
groß grande, alto/a
Größe (Kleidung u. ä.) medida, tamaño
Großmutter abuela
Großvater abuelo
Gruppe grupo
grüßen saludar
gültig válido/a
gut bueno/a, bien

H

haben tener*, haber*
Hafen puerto
Hälfte mitad
halten sostener*
Haltestelle parada
Hand mano (w)
Handel comercio
Handtuch toalla
hart duro/a
Haus casa
Hausfrau ama de casa
heben levantar
Heftpflaster curita
heiß caliente
helfen ayudar
hell luminoso/a, claro/a
Herbst otoño
Herr señor
herzlich cariñoso/a, amoroso/a
heute hoy
hier aquí, acá
Hilfe ayuda
hinten detrás, atrás
hinter detrás de
hoch alto/a
Hochzeit matrimonio
hoffen esperar
höflich cortés, educado/a
Höhenkrankheit soroche
Holz madera
hören oír*, escuchar
Hotel hotel, hostal, hospedaje
hungrig (sein) (tener*) hambre, (estar*) hambriento/a
Hygiene higiene (w)

I

ich yo
ihr/e su(s)
Ihr/e su(s)

immer siempre
impfen vacunar
in (zeitlich) en
in (örtlich) en, dentro de
Industrie industria
Information información
informieren (sich) informar(se)
Insekt insecto
Insel isla
interessant interesante
interessieren (sich) (für) interesar(se) (por)
international internacional

J

ja sí
Jahr año
Jahreszeit estación
jährlich anual
jeder cada (uno/a)
jedes Mal cada vez
jemand alguien
jener aquel, aquella
jetzt ahora
Journalist periodista
jung joven
Junge chico/a, joven, chango/a (F)

K

kalt frío/a, helado/a
kaputt roto/a, descompuesto/a
Karte carta, mapa
Kartoffel papa
Kasse caja
kaufen comprar
kennen conocer*
Kind niño/a, guagua
Kino cine
Kirche iglesia
Kleidung ropa, vestido
klein pequeño/a, chico/a
klug inteligente, sabio/a
Kneipe bar, peña
kochen cocinar
Koffer valija, maleta
kommen llegar, venir*
kompliziert complicado/a, fregado/a (F)
Kondom condón
können poder*, saber*
Konsulat consulado
kontrollieren controlar
Konzert concierto, recital
kosten (probieren) probar
kosten (Preis) costar*, valer*
kostenlos gratuíto/a, gratis
krank enfermo/a
Krankenhaus hospital
Krankheit enfermedad
kühl frío/a, helado/a
Kühlschrank heladera, refrigerador
Kunst arte (m)
kunstgewerbl. Waren artesanía
kurz corto/a
küssen besar

L

lächeln sonreír*
lachen (über etw.) reír*
Lage (geogr.) posición, ubicación
Laken sábanas
Lampe lámpara
Land país (m)
Landkarte mapa (m)
Landschaft paisaje (m)
Landwirtschaft agricultura
lang (Entfernung) largo/a
lang(e) (Zeit) mucho tiempo
langsam despacio, lento/a
langweilig aburrido/a
laufen, rennen correr, trotar
laut alto, en voz alta
leben vivir
Leben vida
Lebensmittel alimentos (MZ)
ledig soltero/a
leer vacío/a
legen poner*, dejar
Lehrer(in) maestro/a, profesor/a
leicht (nicht schwer) fácil, sencillo/a
leihen (sich) (von) tomar prestado/a (de)

lernen aprender, estudiar
lesen leer
Leute gente (EZ)
Licht luz
lieben amar, querer*
Lied canción, tema
liegen estar* acostado/a
links izquierda
Loch hueco, hoyo, horificio
Löffel cuchara
Lohn, Gehalt sueldo
lügen mentir*
lustig divertido/a, alegre, chistoso/a

M

machen hacer*
Mädchen chica, niña, changa (F)
malen pintar
man se, uno/a
manchmal a veces
Mann hombre
Markt mercado
Medikament medicamento, medicina, remedio
Meer mar
mehr más
mein/e mi, mis
Menge, Quantität cantidad
Mensch hombre
merken (sich) recordar*, acordar(se)*
Messer cuchillo
mieten alquilar
Minute minuto
mit con
Mittagessen almuerzo
Mittag mediodía (m)
Mobiltelefon, Handy celular
Mode moda
möglich posible
Monat mes
morgen mañana
Morgen mañana
Motor motor
Motorboot bote, lancha
Motorrad moto, motocicleta
müde cansado/a
Müll basura
Museum museo
Musik música
müssen tener* que
Mutter madre, mamá

N

nach (Richtung) a
nach (Zeit) después
Nachmittag tarde
Nachricht noticia, recado
nächstes Mal la próxima vez
Nacht noche (m)
nackt desnudo/a
Nadel aguja, alfiler
nah cerca
Name nombre
nass mojado/a
Nationalität nacionalidad
Natur naturaleza
natürlich (nicht künstl.) natural, naturalmente
neben al lado de
nehmen tomar, agarrar, coger
nein no
neu nuevo/a
neugierig curioso/a
nicht no
nichts nada
niedrig bajo/a
niemals nunca, jamás
niemand nadie
nirgendwo/-hin en/a ninguna parte
noch einmal otra vez
noch aún, todavía
Norden norte
normal normal, regular
notwendig necesario/a
Nummer número
nur nomás, sólo, solamente

O

ob si
oben arriba
Obst fruta
oder o
öffnen abrir
oft a menudo
ohne sin
Öl aceite (m)
Onkel tío
Organ órgano

organisieren organizar
Ort lugar
Osten este
Österreich Austria
Österreicher austríaco/a

P

paar par
Paar pareja
Paket paquete
Palast palacio
Panne avería
Papier papel
Park parque
parken estacionar, aparcar, parquear
Pass pasaporte
Patient paciente
Pause pausa
Person persona
Pflanze planta
Plan plan
Platz plaza, lugar, sitio, asiento
Platzkarte reservación, reserva de asiento
plötzlich de repente
Politik política
Polizei policía
Post(amt) (oficina de) correos
Poster afiche
Postkarte (tarjeta) postal
Praktikant practicante, pasante
Praktikum pasantía
Preis precio
privat privado/a
Problem problema
Programm programa
Prospekt prospecto
Pullover chompa
pünktlich puntual/mente

Q/R

Qualität calidad
Radiogerät radio
Rat consejo
rauchen fumar
Raum sala, cuarto, habitación
rechnen calcular, contar*
Rechnung cuenta
Recht derecho
rechts derecho/a
reden hablar, charlar
Regen lluvia
Regenschirm paraguas
registrieren registrar
reich rico/a
reif maduro/a
Reifen llanta
Reise viaje
Reisebüro agencia de viajes
reisen viajar
reparieren reparar, arreglar
reservieren reservar
Restaurant restaurante (m)
Rettungswagen ambulancia
richtig correcto/a
Richtung dirección, rumbo
roh crudo/a
Rückfahrt vuelta, regreso
Rucksack mochila
rückständig atrasado/a, demorado/a
rufen, schreien llamar, gritar
Ruhe silencio, reposo, calma

S

Sache cosa
sagen decir*
Salbe pomada, crema
Salz sal (w)
sammeln recoger
Sand arena
satt satisfecho/a, full (F)
Satz (Grammatik) frase (w)
sauber limpio/a
sauber machen limpiar
sauer ácido/a
scharf picante
Scheck cheque (m)
Schere tijera
schicken, senden enviar, mandar
schießen disparar
Schiff barco

schlafen dormir*
Schlafsack sleeping (m)
Schlafzimmer dormitorio, cuarto
schlagen golpear, pegar
schlecht mal
Schlüssel llave (w)
schmackhaft rico/a, sabroso/a
Schmerz dolor
schmerzen doler*
Schmuck joyas
schmutzig sucio/a
Schnaps trago
schnell rápido/a
schon ya
schön lindo/a
schreiben escribir
Schuh zapato
schuldig culpable
Schule escuela, colegio
Schüler alumno/a
schwanger embarazada
Schweiz Suiza
Schweizer suizo/a
schwer (nicht leicht) pesado/a
Schwester hermana
schwierig (nicht einfach) difícil
schwimmen nadar
schwitzen transpirar
See (der) lago
See (die) mar
sehen ver*, mirar
Sehenswürdigkeiten lugar de interés
Seife jabón
Seil cuerda, pita
sein estar*, ser*
sein/e su
seit desde, hace
Seite (Richtung) lado
Sekunde segundo
selbst mismo/a
selten raro/a
setzen (sich) sentarse*
sicher seguro/a
sie (EZ) ella
sie (MZ) ellos/as
Sie usted, ustedes
Silber plata
singen cantar
sitzen, passen (Kleidung) entrar
sitzen estar* sentado
so así, tan
sofort en seguida
Sohn hijo
solch(e,er,es) tal
sollen deber
Sommer verano
Sonne sol (m)
sparen ahorrar
spät tarde
spazierengehen pasear
Speise alimento
Speisekarte carta
spielen jugar*
Spielzeug juguete (m)
Sport deporte (m)
Sprache idioma (m)
sprechen hablar
Spritze jeringa
Staatsangehörigkeit nacionalidad
Stadt ciudad (w)
stark fuerte
stehen estar* parado/a
Stein piedra
Stelle, Ort lugar
stellen colocar, poner*
sterben morir(se)
Stil (Architekt.) estilo
Stimme voz
Stoff tela
stören molestar
Strafe multa, castigo
Strand playa
Straße calle
Streichhölzer fósforos (MZ)
streiten (sich) pelear(se)
Stück pedazo
Student estudiante
Stunde hora
suchen buscar
Süden sur (m)
Summe suma
Suppe sopa
süß dulce

T

Tabak tabaco
Tablette pastilla
Tag día (m)
täglich diario/a
Tal valle (m)
Tankstelle estación de servicio, gasolinera
Tante tía
tanzen bailar, danzar
Tasche bolsa
Taxi taxi

Telefon teléfono
telefonieren telefonear, llamar por teléfono
teuer caro/a
Theater teatro
tief profundo/a
Tier animal
Tochter hija
Tod muerte (w)
Toilette baño
Toilettenpapier papel higiénico
tot muerto/a
töten matar
Tradition tradición
tragen cargar, llevar
traurig triste
treffen (begegnen) encontrar*
Treppe escalera
trinken tomar, beber
Trinkgeld propina
trocken seco/a
tschüss chao
tun hacer*
Tür puerta
Turm torre (w)

U

üben practicar
über (örtl.) sobre, encima de
überall por todas partes
übermorgen pasado mañana
übersetzen (Sprache) traducir*
Übersetzer traductor/a
Überweisung transferencia
übrig sobrante
Uhr reloj (m)
um zu ... para ...
Umgebung aresdedores (m, MZ)
Umleitung desvío
umtauschen cambiar
Umweg desvío
Umwelt medio ambiente
Umzug (Parade) entrada, desfile
unbekannt desconocido/a
und y
Unfall accidente (m)
Universität universidad
unschuldig inocente
unser/e nuestro/a
unten abajo
unter bajo
Unterhaltung charla
Unterkunft hospedaje (m)
unterrichten (lehren) enseñar
unterschreiben firmar
Urlaub vacaciones (w, MZ)

V

Valuta, Devisen divisas (w, MZ)
Vater padre (m)
verabreden (sich) citar(se)
Verabredung cita
verabschieden (sich) despedir(se)*
verboten (sein) (estar*) prohibido/a
Verbrechen crimen
verdienen ganar
vergessen olvidar
vergnügen (sich) divertir(se)*
verirren (sich) perder(se)*
verkaufen vender
verleihen (an) prestar (a)
verletzt herido/a
Verletzung herida
verlieben (sich) enamorar(se)
verlieren (Dinge) perder*
vermieten alquilar
Versicherung seguro
verspäten (sich) demorar(se)
versprechen prometer
verstehen entender*, comprender
versuchen intentar
viel harto/a
vielleicht tal vez, quizás
Vogel pájaro
Volk pueblo
voll lleno/a
von de
vor delante de
vorbereiten preparar
vorgestern anteayer
vorher antes
Vormittag mañana
Vorname nombre (m)

vorne delante
vorschlagen proponer*
vorstellen (sich) (Imagination) imaginar(se)
vorstellen (sich) presentar(se)
Vorwahlnummer código

W

Wagen auto
wählen votar
wahr cierto/a
während durante
Wald bosque (m)
Wand pared
wandern caminar
wann cuando
Ware mercancía
warm caliente
warten esperar
warum por que
was que
waschen lavar
waschen (sich) lavar(se)
Wasser agua
Watte algodón
wechseln cambiar
wecken despertar
Weg camino
wegen por
wegschmeißen votar
weiblich femenino/a
weil porque
weinen llorar
weit lejos
welcher cual
wenig poco/a
wenn (als) cuando
wenn (falls) si
wer quien
werden hacer(se)*, poner(se)*
wessen de quien
Westen oeste (m), occidente
Wetter tiempo
wichtig importante
wie como
wieder de nuevo
wiederholen repetir*
wie viel cuanto/a
Wind viento
Winter invierno
wir nosotros
wissen saber*
wo donde
Woche semana
woher de donde
wohin adonde
wohnen vivir
Wohnung departamento
wollen querer*
Wort palabra
Wörterbuch diccionario
Wunde herida
wünschen desear

Z

zahlen pagar
Zahnarzt dentista
Zahnpasta pasta dental, kolinos (m, EZ)
zeigen mostrar*
Zeit tiempo
Zeitung periódico, diario
Zelt carpa
zelten acampar
Zentrum centro
Zigarette cigarrillo, pucho
Zimmer habitación, cuarto
Zimmerdecke tumbado, cielo raso
Zoll aduana
zu Fuß a pie
zu (+ Adjektiv) demasiado/a
zufrieden contento/a
Zug tren
zurück hacia atrás
zusammen juntos/as
zu viel demasiado/a
zwischen entre

A

a nach (Richtung)
a menudo oft
a pie zu Fuß
a través de durch (hindurch)
a veces manchmal
abajo unten
abrir öffnen
abuela Großmutter
abuelo Großvater
aburrido/a langweilig
acá da, hier
acabar aufhören, beenden
acampar zelten
accidente (m) Unfall
aceite (m) Öl
ácido/a sauer
acogedor/a gemütlich
acompañar begleiten
aconsejar beraten
acordar(se)* erinnern (sich), merken (sich)
acostumbrar(se) gewöhnen (sich) (an)
administración pública Behörde
adonde wohin
aduana Zoll
aeropuerto Flughafen
afiche Poster
agarrar nehmen
agencia de viajes Reisebüro
agradecer* danken
agricultura Landwirtschaft
agua Wasser
aguja Nadel
ahora jetzt
ahorrar sparen
al lado de neben
alcohol Alkohol
alegrar(se) freuen (sich)
alegre fröhlich, lustig
alemán deutsch
alemán/alemana Deutsche(r)
Alemania Deutschland
algo etwas
algodón Watte
alguien jemand
algunos/as (MZ) einige
alfiler Nadel
alimento Speise
alimentos (MZ) Lebensmittel
allí, allá dort
almuerzo Mittagessen
alquilar mieten, vermieten
alrededores Gegend
alto laut
alto/a hoch, groß
alumno/a Schüler(in)
ama de casa Hausfrau
amable freundlich
amar lieben
ambulancia Rettungswagen
amigo/a Freund(in)
amistad Freundschaft
amistoso/a freundlich
amo/a Besitzer(in)
amoroso/a freundlich, herzlich
amplio/a, ancho/a breit
andar* gehen, wandern
andén Bahnsteig
angosto/a eng
anfitrión/a Gastgeber(in)
animal Tier
año Jahr
anteayer vorgestern
antes bevor
antes vorher
antiguo/a alt (nicht neu)
anual jährlich
aparcar parken
apellido Familienname
aplicado/a fleißig
aprender lernen
apurarse beeilen (sich)
aquel, aquella jener
aquí da, hier
arancel Gebühr
árbol Baum
arder brennen
arededores (m, MZ) Umgebung
arena Sand
arreglar reparieren
arriba oben
arte (m) Kunst
artesanía kunstgewerbl. Waren
asalto Diebstahl
asesor/a Berater(in)
asesorar beraten
así so
asiento Sitzplatz
atender* bedienen, behandeln (Krankh.)

atrás hinten
atrasado/a rückständig
aún noch
Austria Österreich
austríaco/a Österreicher(in)
auto Auto
avería Panne
avión (m) Flugzeug
avisar benachrichtigen
aviso Auskunft
ayer gestern
ayuda Hilfe
ayudar helfen

B

bailar tanzen
bajarse aussteigen
bajo unter
bajo/a niedrig
bañarse baden
banco Bank (Geld)
baño Badezimmer, Toilette
bar Kneipe
barato/a billig
barco Schiff
bastante genug
basura Müll
batería Batterie
beber trinken
bebida Getränk
besar küssen
bicicleta Fahrrad
bien gut
boleto Fahrkarte
bolsa Tasche
borracho/a betrunken
bosque (m) Wald
bote Boot, Motorboot
botella Flasche
bueno/a gut
bus Bus
buscar suchen

C

cada (uno/a) jeder
cada vez jedes Mal
caja Kasse
calcular rechnen
calidad Qualität
caliente heiß, warm
calle Straße
callejón Gasse
calma Ruhe
cama Bett
cámara (de fotos) Fotoapparat
cambiar umtauschen, wechseln
caminar gehen, wandern
camino Weg
campesino/a Bauer/Bäuerin
campo Feld
cancelar bezahlen
canción Lied
cansado/a müde
cantar singen
cantidad Menge, Quantität
carcel Gefängnis
cargar tragen
cariñoso/a herzlich
carne (w) Fleisch
caro/a teuer
carpa Zelt
carta Brief, Karte, Speisekarte
casa Haus
castigar bestrafen
castigo Strafe
cédula de identidad Ausweis
celebrar feiern
celular Mobiltelefon, Handy
cena Abendessen
centro Zentrum
cerca nah
cerca de bei
cerveza Bier
cierto/a wahr
cigarrillo Zigarette
cine Kino
cita Verabredung
citar(se) verabreden (sich)
ciudad (w) Stadt
ciudadano/a Bürger(in) (Staats-)
claro/a hell
cocinar kochen
código Vorwahlnummer
coger nehmen
colegio Schule
colocar stellen
color Farbe
colorido/a bunt
combustible Benzin
comenzar* anfangen
comer essen
comercio Handel
como wie, als (Vergleich)
cómodo/a gemütlich
complicado/a kompliziert

comprar kaufen
comprender verstehen
comunidad Dorf
con mit
con mucho gusto gern
concierto Konzert
condimento Gewürz
condón Kondom
conductor Chauffeur
conocer* kennen
conocer(se)* bekannt machen (sich)
consejo Rat
conservar erhalten
construir* bauen
consulado Konsulat
contar* erzählen, rechnen
contento/a zufrieden
contra gegen
controlar kontrollieren
conversación Gespräch
copa Weinglas, Pokal
coquetear flirten
cordillera Gebirge
correcto/a richtig
correos (oficina de) Post(amt)
correr laufen, rennen
cortés höflich
corto/a kurz
cosa Ding, Sache
costar* kosten (Preis)
costumbre (w) Brauch
crema Salbe, Creme
creer glauben
crimen Verbrechen
crudo/a roh
cuadro Bild
cual welcher
cuando wann, wenn (als), als (zeitl.)
cuanto/a wie viel
cuarto Schlafzimmer
cuchara Löffel
cuchillo Messer
cuenta Rechnung
cuento Geschichte (Erzählung)
cuerda Seil
culebra venenosa Giftschlange
culpable schuldig
cumpleaños Geburtstag
curioso/a neugierig
curita Heftpflaster
chango/a (F) Junge/Mädchen
chao tschüß
charla Unterhaltung
charlar reden
cheque (m) Scheck
chico/a Junge/Mädchen, klein
chistoso/a lustig
chompa Pullover

D

danzar tanzen
dar* geben
de von
de donde woher
de nuevo wieder
de quien wessen
de repente plötzlich
de aus
deber sollen, dürfen
decidir entscheiden
decir* sagen
dedo Finger
dejar legen
delante vorne
delante de vor
delgado/a dünn
demasiado/a zu viel, zu (+ Adjektiv)
demora Aufenthalt
demorado/a rückständig
demorar(se) verspäten (sich)
demorar dauern
demostración Beweis
dentista Zahnarzt
dentro de in (örtlich)
departamento Wohnung
deporte (m) Sport
derecho Recht, geradeaus
derecho/a rechts
desayunar frühstücken
desayuno Frühstück
descompuesto/a faul (Obst), kaputt
desconocido/a unbekannt, fremd
descuento Ermäßigung
desde seit, aus
desear wünschen
desfile (nur milit.) Umzug (Parade)
desnudo/a nackt
desocupado/a frei, Arbeitslose
despacho Büro
despacio langsam

despedir(se)* verabschieden (sich)
despertar* wecken
despertar(se)* aufwachen
después danach, nach (Zeit)
desvestir(se)* ausziehen
desvío Umleitung, Umweg
detener(se)* anhalten
detrás de hinter
detrás hinten
día (m) Tag
dialecto Dialekt
diario Zeitung
diario/a täglich
diarrea Durchfall
diccionario Wörterbuch
difícil schwierig (nicht einfach)
dinero Geld
Dios Gott
dirección Adresse, Richtung
directo geradeaus
discoteca Diskothek
disculpar(se) entschuldigen (sich)
disparar schießen
divertido/a lustig
divertir(se)* vergnügen (sich)
divisas (w, MZ) Valuta, Devisen
doctor/a Arzt/Ärztin
documento Dokument(e)
doler* schmerzen
dolor Schmerz
donde wo
dormir* schlafen
dormitorio Schlafzimmer
dueño/a Besitzer(in)
dulce süß
durante während
duro/a hart, betrunken (F)

E

edad Alter (Lebens-)
edificio Gebäude
educado/a höflich
efectivo Bargeld
ejemplo Beispiel
él er
el cielo raso Zimmerdecke
ella sie (EZ)
ellos/as sie (MZ)
embajada Botschaft (dipl.)
embarazada schwanger
emigración Ausreise
empezar* anfangen
empleado/a Angestellte(r)
en in (zeitlich), in (örtlich)
en seguida sofort
en/a ninguna parte nirgendwo/-hin
enamorar(se) verlieben (sich)
encima de über (örtl.)
encontrar* finden, treffen (begegnen)
enfermedad Krankheit
enfermo/a krank
enfrente de gegenüber
engañar betrügen
enseñar unterrichten (lehren)
entender* verstehen
entero/a ganz
entonces dann
entrada Eingang, Umzug (Parade)
entrar sitzen, passen (Kleidung), einsteigen
entre zwischen
entregar geben
enviar schicken, senden
en voz alta laut
equipaje Gepäck
equivocado/a falsch, geirrt
error Fehler
escalera Treppe
escribir schreiben
escuchar hören
escuela Schule
especias Gewürz
esperar warten, hoffen
esposa Ehefrau
esposo Ehemann
esposos Ehepaar
estación Bahnhof, Jahreszeit
estación de servicio Tankstelle
estacionar parken
estafar betrügen
estar* acostado/a liegen

estar* de acuerdo einverstanden sein
estar* parado/a stehen
estar* resfriado/a erkältet sein
estar* sentado sitzen
estar* sein
este Osten
este/a diese(r,s)
estilo Stil (Architekt.)
esto dies
estómago suelto (F) Durchfall
estrecho/a eng
estudiante Student
estudiar lernen
evento Ereignis
exacto/a genau
excelente ausgezeichnet
éxito Erfolg
explicar erklären, erzählen
exportación Ausfuhr
exposición Ausstellung
extranjero Ausland
extranjero/a ausländisch, Ausländer(in)
extraño/a fremd

F

fábrica Fabrik
fácil leicht (nicht schwer), einfach
falso/a falsch
falta Fehler
familia Familie
famoso/a berühmt
farmacia Apotheke
farra (F) Feier, Fest
farrear (F) feiern, saufen
fecha Datum
felicitar gratulieren
feliz glücklich
femenino/a weiblich
ferrocarril Zug, Eisenbahn
festejar feiern
fiebre (w) Fieber
fiesta Feier, Fest
fin Ende
firmar unterschreiben
firme fest
flaco/a dünn
flojo/a (F) faul (träge)
flor (w) Blume
flota Bus, Busunternehmen
folklore Folklore
formulario Formular
fósforos (MZ) Streichhölzer
foto (w) Fotografie
fotografía Fotografie
fotografiar fotografieren
frase (w) Satz (Grammatik)
frazada Decke (Bett)
fregado/a (F) kompliziert
fresco/a frisch (Obst)
frío/a kalt, kühl
frontera Grenze
fruta Frucht, Obst
fuego Feuer
fuerte stark
full (F) satt
fumar rauchen

G

galletas Gebäck
ganar verdienen
gas Gas
gasolina Benzin
gasolinera Tankstelle
gente (EZ) Leute
golpear schlagen
gordo/a dick
gracias danke
gramática Grammatik
gramo Gramm
grande groß
gratis, gratuíto/a kostenlos
gringo/a ausländisch, Ausländer(in)
gripe (w) Grippe
gritar schreien
grupo Gruppe
gustar gefallen

H

haber* haben
habitación Zimmer
habitante Einwohner
hablar sprechen, reden
hace seit, aus
hacer* machen, tun
hacer(se)* werden
hacia allá dorthin
hacia atrás zurück
(tener*) hambre, (estar*) hambriento/a hungrig (sein)
harto/a viel

Wörterliste Castellano – Deutsch

hasta bis
heladera Kühlschrank
helado Eis (Speise-)
helado/a kalt, kühl
helarse frieren
herida Verletzung, Wunde
herido/a verletzt
hermana Schwester
hermano Bruder
hermanos Geschwister
higiene (w) Hygiene
hija Tochter
hijo Sohn
hilo Faden
historia Geschichte (Historie)
hoja Blatt
hombre Mann, Mensch
hora Stunde
horificio Loch
horario Fahrplan
hospedaje (m) Unterkunft
hospital Krankenhaus
hospitalidad Gastfreundschaft
hostal Pension
hotel Hotel
hoy heute
hoyo, hueco Loch
huésped Gast
huevo Ei
húmedo/a feucht

I

idioma (m) Sprache
iglesia Kirche
imaginar(se) vorstellen (sich)
importación Einfuhr
importante wichtig
incendio Brand, Feuer
industria Industrie
información Information, Auskunft
informar(se) informieren (sich)
informar benachrichtigen
inglés englisch
inocente unschuldig
insecto Insekt
insultar beleidigen
inteligente klug
intentar versuchen
interesante interessant
interesar(se) (por) interessieren (sich) (für)
internacional international
intérprete Dolmetscher
invierno Winter
invitación Einladung
invitado/a Gast
invitar einladen
ir* gehen
irse* (de) abfahren
isla Insel
itinerario Fahrplan
izquierda links

J

jabón Seife
jamás niemals
jardín (m) Garten
jefe Chef
jeringa Spritze
joven jung
joyas Schmuck
jugar* spielen
juguete (m) Spielzeug
junto a bei
juntos/as zusammen
justo/a genau

K/L

kolinos (m, EZ) Zahnpasta
la próxima vez nächstes Mal
lado Seite (Richtung)
lago See (der)
lámpara Lampe
lancha Boot, Motorboot
lapicero, lápiz Bleistift
largo/a lang (Entfernung)
lavar(se) waschen (sich)
leer lesen
legumbres (MZ) Hülsenfrucht, Gemüse
lejos fern, weit
lentes Brille
lento/a langsam
letra Buchstabe
levantar heben
levantar(se) aufstehen
ley (w) Gesetz
libre frei
libro Buch
limpiar sauber machen
limpio/a sauber
lindo/a schön
listo/a fertig

luego dann
lugar Stelle, Ort, Platz
lugar de interés Sehenswürdigkeiten
luminoso/a hell
luz Licht

LL

llamar rufen
llamar por teléfono telefonieren
llanta Reifen
llapa (F) Ermäßigung
llave (w) Schlüssel
llegada Ankunft
llegar ankommen, kommen
lleno/a voll
llevar tragen
llorar weinen
lluvia Regen

M

madera Holz
madre Mutter
maduro/a reif
maestro/a Lehrer(in), Chauffeur (F)
mal schlecht
maleta Koffer, Gepäck
malla de baño Badeanzug, Badehose
mamá Mutter
mandar schicken, senden, befehlen
manejar fahren
maní Erdnüsse
mano (w) Hand
mantener* erhalten
mañana Morgen, morgen, Vormittag
mapa (m) Landkarte, Karte
mar Meer, See (die)
más mehr
más o menos etwa
matar töten
matrimonio Hochzeit, Ehepaar
medicamento, medicina Medikament
médico Arzt
medida Größe (Kleidung u. ä.)
medio ambiente Umwelt
mediodía (m) Mittag
mejor besser
mentir* lügen
mercancía Ware
mercado Markt
mes Monat
mi, mis mein/e
miedo Angst
minuto Minute
mirar ansehen, gucken
mismo/a selbst
mitad Hälfte
mochila Rucksack
moda Mode
mojado/a naß
molestar stören
montaña Berg, Gebirge
monumento Denkmal
morir(se) sterben
mostrar* zeigen
moto, motocicleta Motorrad
motor Motor
movilidad Fahrzeug
mucho tiempo lang(e) (Zeit)
muerte (w) Tod
muerto/a tot
mujer Frau
multa Strafe
museo Museum
música Musik
mutuamente einander

N

nacionalidad Nationalität, Staatsangehörigkeit
nada nichts
nadar schwimmen
nadie niemand
natural, naturalmente natürlich (nicht künstl.)
naturaleza Natur
necesario/a notwendig
necesitar brauchen
negociar feilschen
negocio Geschäft (Tätigkeit u. Laden)
nieto/a Enkel(in)
niño/a, guagua Kind, Junge/Mädchen
no nein, nicht
noche (m) Nacht
nomás nur
nombre (m) Vorname, Name
normal normal

Wörterliste Castellano – Deutsch

norte Norden
nosotros wir
noticia Nachricht
novio/a Freund(in)
nuestro/a unser/e
nuevo/a neu
número Nummer
nunca niemals

O

o oder
obrero/a Arbeiter(in)
occidente, oeste (m) Westen
ocupación Beruf
ofender beleidigen
oficina Büro
oír* hören
olvidar vergessen
orden Bestellung, Ordnung
ordenar bestellen, aufräumen
organizar organisieren
órgano Organ
oro Gold
oscuro/a dunkel
otoño Herbst
otra vez noch einmal

P

paciente Patient
padre (m) Vater
padres (m, MZ) Eltern
pagar bezahlen
país (m) Land
paisaje (m) Landschaft
pájaro Vogel
palabra Wort
palacio Palast
pan Brot
papa Kartoffel
papel Papier
papel higiénico Toilettenpapier
paquete Paket
par paar
para für, um zu ...
para que damit
parada Haltestelle, Aufenthalt
paraguas Regenschirm
parar(se) aufstehen, anhalten
pared Wand
pareja Paar, Ehepaar
pareja Ehepaar
parque Park
parquear parken
partir abreisen, abschneiden
pasado mañana übermorgen
pasaje Fahrpreis, Fahrkarte, Gasse
pasante, practicante Praktikant
pasantía Praktikum
pasaporte Paß
pasear spazierengehen
pastilla Tablette
pasto Gras
patrón Chef
pausa Pause
paz Frieden
pecho Brust (-korb u. weibl.)
pedazo Stück
pedido Bestellung
pedir* bitten, bestellen
pegar schlagen
pelear(se) streiten (sich)
película Film
peligroso/a gefährlich
pensar* denken
peña Kneipe
pequeño/a klein
perder(se)* verirren (sich)
perder* verlieren (Dinge)
periódico Zeitung
periodista Journalist
permiso Erlaubnis
permitir erlauben
pero aber
persona Person
pesado/a schwer (nicht leicht)
pescado Fisch
peso Gewicht
pez Fisch
picante scharf
pie (m) Fuß
piedra Stein
pila Batterie
pintar malen
pintura Bild
piso Etage
pita Seil
plan Plan
planilla Blatt
planta Pflanze, Etage
plata Silber, Geld (F)
playa Strand
plaza Platz
pobre arm
poco/a wenig

poder* dürfen, können
podrido/a faul (Obst)
policía Polizei
política Politik
pomada Salbe
poner* legen, stellen
poner(se)* werden
por durch (hindurch), wegen, für
por eso darum
por eso deshalb
por favor Bitte
por lo tanto deshalb
por que warum
por todas partes überall
porque weil
posible möglich
posición Lage (geogr.)
(tarjeta) postal Postkarte
practicar üben
precio Preis
pregunta Frage
preguntar fragen
preparar vorbereiten
presentar(se) vorstellen (sich)
prestar (a) verleihen (an)
preste (F) Feier, Fest
primavera Frühling
prisión Gefängnis
privado/a privat
probar kosten (probieren)
problema Problem
profesión Beruf
profesor/a Lehrer(in)
profundo/a tief
programa Programm
(estar*) prohibido/a verboten (sein)
prometer versprechen
pronto bald, früh
pronunciación Aussprache
propiedad Eigentum
propina Trinkgeld
proponer* vorschlagen
prospecto Prospekt
prueba Beweis
pucho (F) Zigarette
pueblo Dorf, Volk
puente Brücke
puerta Tür
puerto Hafen
puntual/mente pünktlich
puro/a echt, pur
pus (m) Eiter

Q

que dass, was
quedarse bleiben
quejar(se) beschweren (sich)
quemar brennen
querer* wollen, lieben
quien wer
quitarse la ropa ausziehen
quizás vielleicht

R

radio Radiogerät
rápido/a schnell
raro/a selten
rebaja Ermäßigung
recado Nachricht
recibir empfangen, erhalten
recipiente Gefäß
recital Konzert
reclamar beschweren
recoger sammeln
recomendar* empfehlen
recordar* erinnern
recto geradeaus
recuerdo Andenken
recuperar(se) erholen (sich)
refrigerador Kühlschrank
regatear feilschen
regalo Geschenk
región Gegend
registrar registrieren
regreso Rückfahrt
regular normal, regulieren
reír* lachen (über etwas)
reloj (m) Uhr
remedio Medikament
remolcar* abschleppen
reparar reparieren
repetir* wiederholen
reposo Ruhe
repuesto Ersatzteil
reserva de asiento, reservación Platzkarte
reservar buchen, reservieren
responder antworten
respuesta Antwort
restaurante (m) Restaurant, Gaststätte

rico/a reich, schmackhaft
río Fluß
robo Einbruch, Diebstahl
rogar* bitten
rollo de color Farbfilm
ropa de cama Bettwäsche
ropa Kleidung
roto/a kaputt
ruego Bitte
rumbo Richtung

S

sábana Betttuch, Laken
saber* wissen, können
sabio/a klug
sabroso/a schmackhaft
sacar una foto fotografieren
sal (w) Salz
sala Raum
salida Ausgang
salir* de viaje abreisen
salir* en avión abfliegen
salir* abfahren
salud (w) Gesundheit
saludar begrüßen
saludar grüßen
sano/a gesund
satisfecho/a satt
se man
seco/a trocken
(tener*) sed Durst (haben)
segundo Sekunde
seguro Versicherung
seguro/a sicher
semana Woche
sencillo leicht (nicht schwer), Kleingeld
seno Brust (weibl.)
señor Herr
señora Frau
señorita Fräulein
sentarse* setzen (sich)
sentimento Gefühl
sentir(se)* fühlen (sich)
ser* sein
si ja, ob, wenn (falls)
siempre immer
silencio Ruhe
simple einfach
sin ohne
sitio Platz
sleeping (m) Schlafsack
sobrante übrig
sobre auf, über (örtl.), Briefumschlag
sociedad Gesellschaft
sol (m) Sonne
solamente, sólo nur
solo/a allein
soltero/a ledig
sonreír* lächeln
sopa Suppe
soroche Höhenkrankheit
sostener* halten
su(s) sein/e, ihr(e), Ihr(e)
subir (z. B. Auto, Bus) einsteigen
suceso Ereignis
sucio/a schmutzig
sueldo Lohn, Gehalt
suerte (w) Glück
suficiente genug
Suiza Schweiz
suizo/a Schweizer(in)
suma Summe
sur (m) Süden

T

tabaco Tabak
tajador Anspitzer
tal solch(e,er,es)
tal vez vielleicht
taller mecánico Autowerkstatt
tamaño Größe (Kleidung u. ä.)
también auch
tan so
tardar dauern
tarde (w) Nachmittag, Abend, spät
tasa Gebühr
taxi Taxi
teatro Theater
techo Dach
tela Stoff
telefonear telefonieren
teléfono Telefon
televisor Fernsehgerät
tema Lied, Thema
temer fürchten
temprano früh
tenedor Gabel
tener* frío frieren
tener* miedo (de) fürchten (sich) (vor)

tener* que müssen
tener* haben
terminar aufhören, beenden
terreno Feld
teta (F) Brust (weibl.)
tía Tante
ticket Flugticket
tiempo Wetter, Zeit
tienda Geschäft (Laden)
tierra Erde
tijera Schere
timbre Briefmarke
tina Badewanne
tío Onkel
todavía noch
todo alles
todo/a ganz
tomar prestado/a (de) leihen (sich) (von)
tomar nehmen, trinken
tomar una foto fotografieren
tonto/a dumm
tormenta Gewitter
torre (w) Turm
trabajador/a Arbeiter(in), fleißig
trabajar arbeiten
tradición Tradition
traducir* übersetzen (Sprache)
traductor/a Übersetzer(in), Dolmetscher
traer* bringen
trago Schnaps
toalla Handtuch
transferencia Überweisung
transpirar schwitzen
tratar behandeln (Krankh.), sprechen
tren Zug, Eisenbahn
triste traurig
trotar (F) laufen, rennen
tú du
tu, tus dein/e
tumbado Zimmerdecke, liegend

U

ubicación Lage (geogr.)
un poco bißchen
una vez einmal
universidad Universität
uno/a ein/e, man
uno(s) a otro(s) einander
urgente dringend
usted/es Sie

V

vacaciones (w, MZ) Ferien, Urlaub
vacío/a leer
vacunar impfen
valer* kosten (Preis)
válido/a gültig
valija Koffer, Gepäck
valle (m) Tal
vaso Glas, Gefäß
vehículo Fahrzeug
venda Binde
vender verkaufen
veneno Gift
venir* kommen
ventana Fenster
ver* sehen
verano Sommer
verdura Gemüse
vestido Kleidung
viajar reisen
viaje Reise
vida Leben
vidrio Glas (Material)
viejo/a alt (nicht jung), Alte
viento Wind
visita Besuch
visita guiada Führung
visitar besichtigen, besuchen
vivir leben, wohnen
volar* fliegen
votar wegschmeißen, wählen
voz Stimme
vuelta Rückfahrt

Y/Z

y und
ya schon
yo ich
zapato Schuh

Die Autoren

Britta Horstmann, geboren in Köln, hat Geographie, Englisch und Deutsch als Fremdsprache an der Universität Bonn studiert. Danach arbeitete sie mehrere Jahre als Referentin für Klimaschutz- und Entwicklungsfragen bei der Organisation Germanwatch. Zu der Zeit als das Buch entstand, war sie freiberuflich in Bolivien tätig.

Zacarías García, geboren in Barcelona, hat Ingenieurwesen für Telekommunikation studiert und als Netzwerk-Administrator in verschiedenen Firmen in Spanien und Deutschland gearbeitet. Gleichzeitig hat er seine Leidenschaft für Fotografie zum Beruf gemacht und arbeitet seit 2003 als freier Fotograf in Bolivien für mehrere Bild- und Presseagenturen.